masumi流

美容マインド

masumi

ニュートン出版

はじめに

美容とメイクで私の人生は変わりました。

メイクで雰囲気のある女性を演出できるようになると、周りの方からの扱いが変わっていき、そのたびに自分の人生がどんどん変わっていったんです。

リアルでお会いしたことがない方が持つ私のイメージは、

「スマートな大人っぽい女性」

しかし、講座を受講いただき、私と数日過ごした受講生さんからは、こんなことを言われます。

「安心しました」
「ギャップがすごいです（笑）」

私、美容やメイク以外のことは、ポンコツなんです(笑)

そんな私の話を聞いて、逆に安心感や親近感を感じてくれているんだと思います。

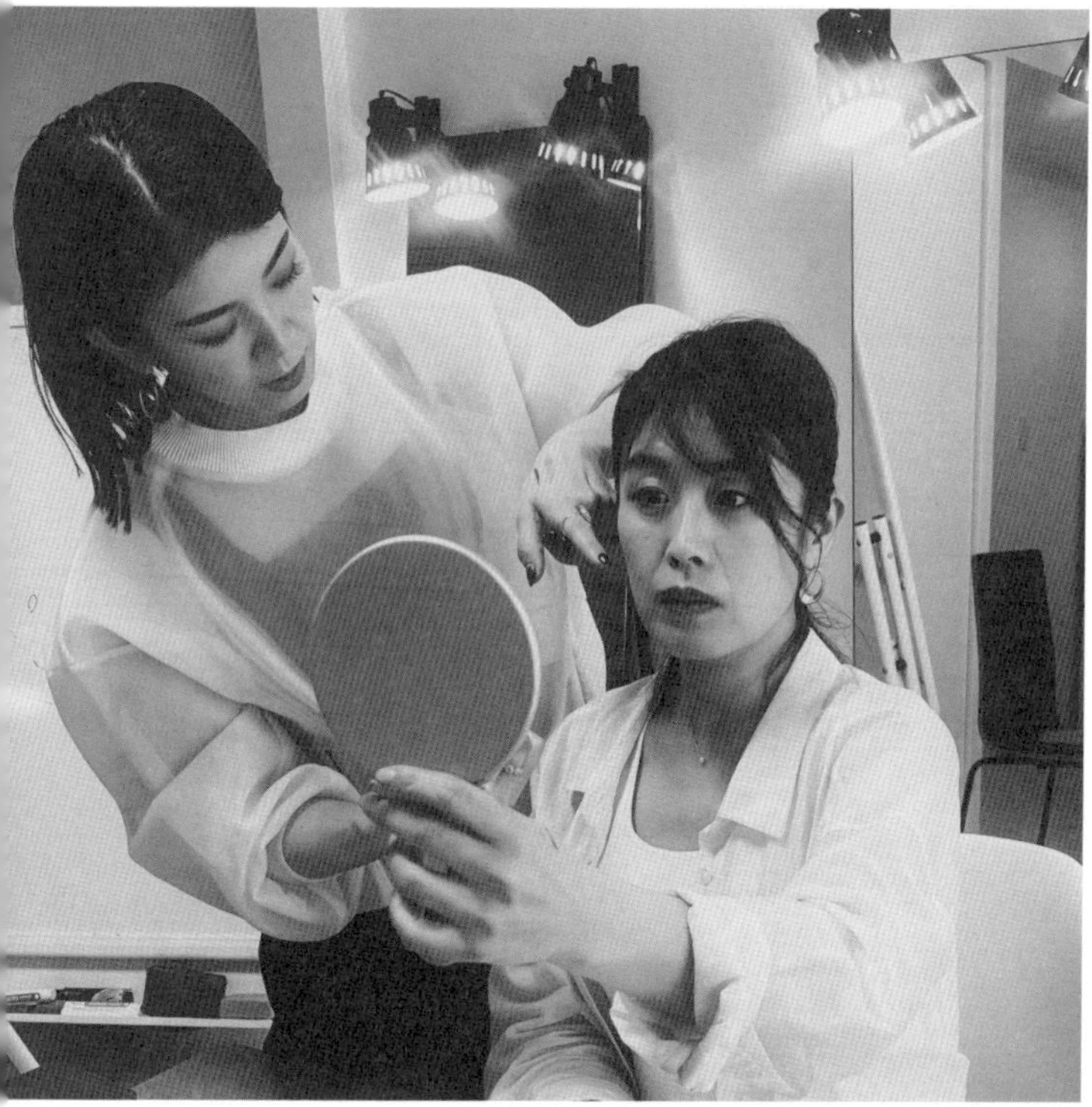

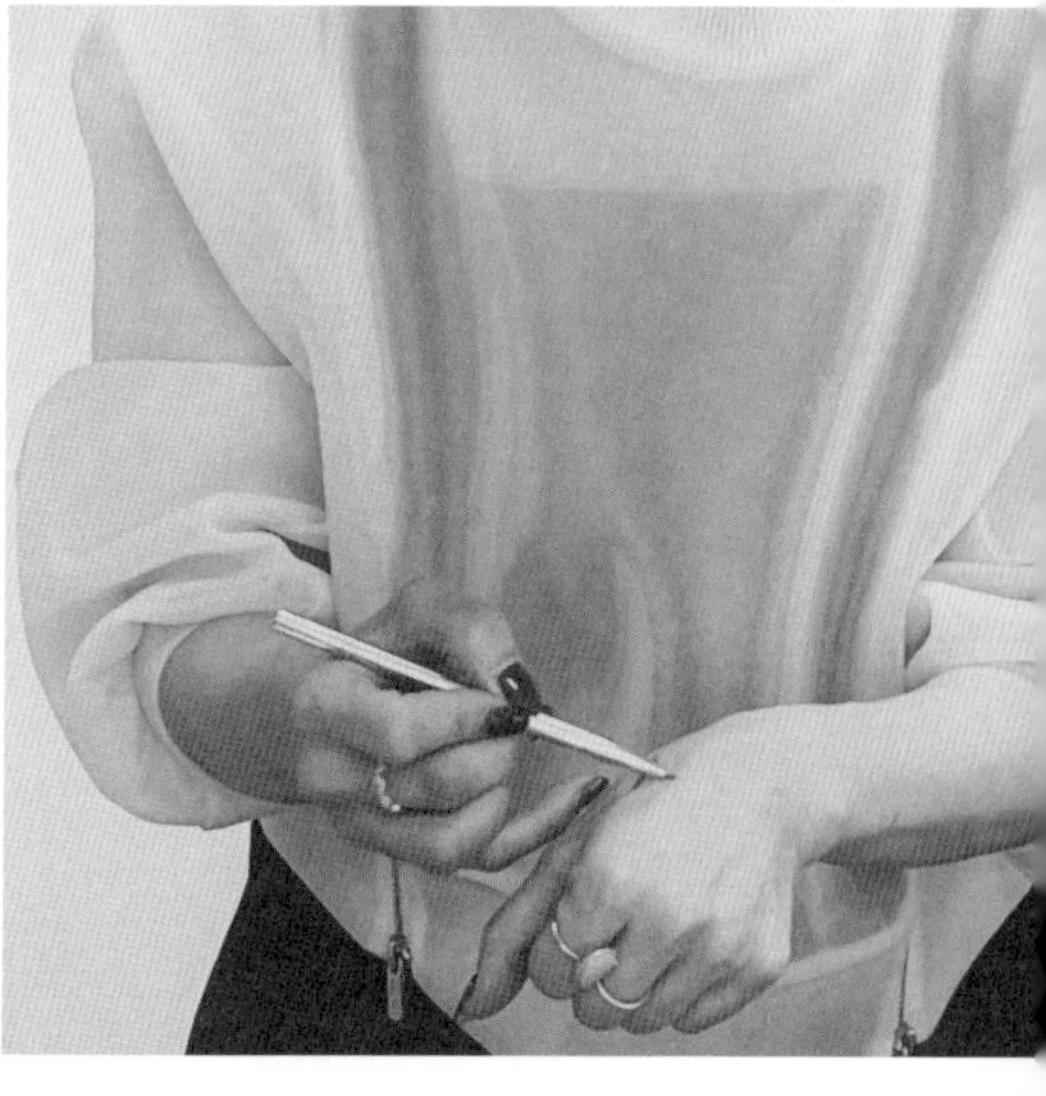

私自身、昔はコンプレックスの塊でした。

・家事が苦手
・料理ができない
・デジタル全般に疎い
・事務仕事ができない

といった具合に、できないことだらけ。

でも、あるとき決めたんです。
「できないことはやめて、自分のできる、大好きなことだけに集中してみよう」と。

それが美容とメイクだったんですね。

すると、自分のポンコツな部分ですら「これでいいんだ」と受け入れられるようになりました。

周りの方々も、意外と私のポンコツな一面をマイナスに捉えず、「むしろ魅力的」と言ってくださいます。

女性は長所で尊敬され、短所で愛されます。

母なら、家事や子育てをきっちりとしなければならない、ワーキングマザーとして、仕事も家事も両立しなければならない、など、

「ちゃんとしなければならない」という思い込みを抱えている女性が多いと感じます。

でも、講座の雑談中に私の家庭のエピソードを聞くと、「家事を手抜きしてもいいんですね！」と安心されます。

とある受講生さんからこんな言葉をいただきました。

「思ってたより100倍変な人で、思ってたより100倍好きになりました！」

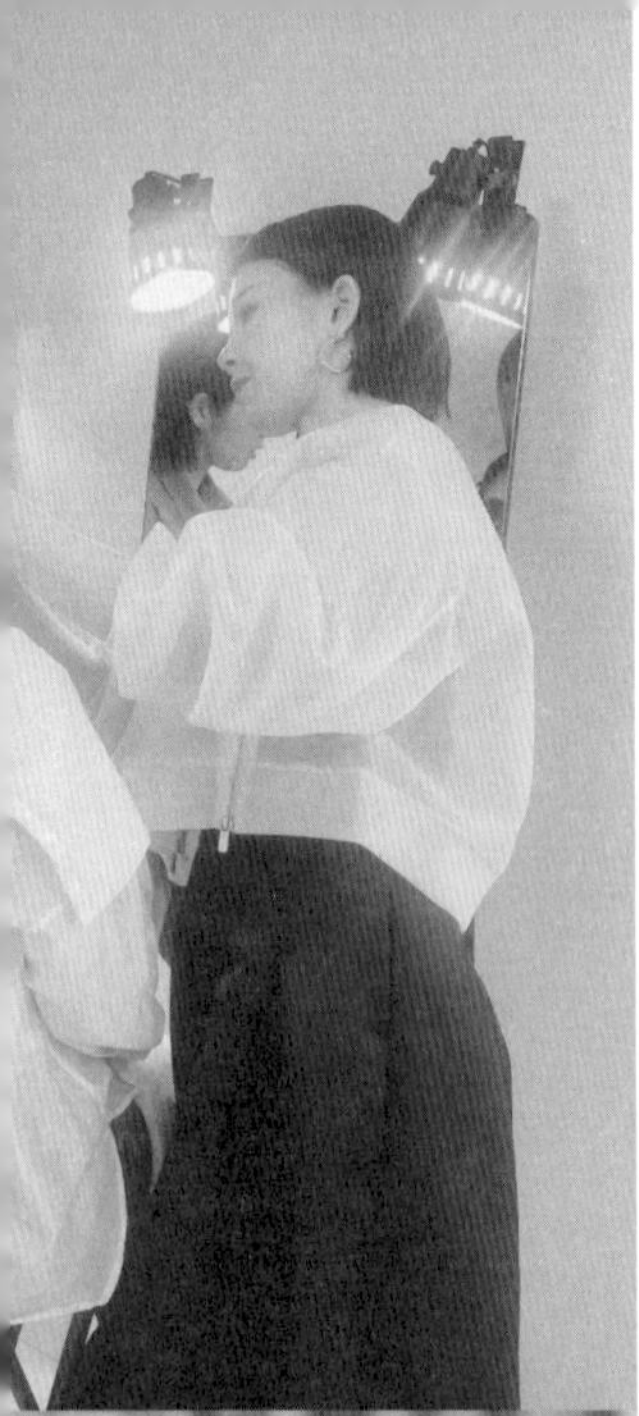

正直、この言葉は本当に嬉しかったです（笑）

また、ある受講生さんからは「ｍａｓｕｍｉさんって思ってたより人間くさいんですね」と言われたことも。

「あれもこれも完璧にできるようにならなきゃいけない」なんて考えなくていいんですよね。

自分の中で何か一つでも誇れるものがあれば、他の部分はポンコツでもいいんです。

「ジブン史上最高のイイ女を自分に見せてね」

講座の中で私がよく伝える言葉です。

生まれ持った顔の造形が特別整っていなかったとしても、メイクや美容で自分史上最高の顔を作ることは可能です。

厚かましいお話なんですが……今では対面でお会いした方から「素敵ですね」「可愛いですね」とおっしゃっていただく機会が増え、実年齢よりも20歳くらい若く見られることもあり、私自身がびっくりしてしまうことも！

私は生まれつき顔の造形が美しかったわけではありません。

長年のメイクやスキンケアの研究の結果たどり着いた方法で、毎日3時間ほどかけて、雰囲気美人を作っているだけなんです（笑）

「熟読して、高度なスキンケアやメイクの技術を学びます！」

そう思ってくださった方には大変申し訳ないです。

本書には、いつも講座で教えているような細かいメイクの技術や、おすすめのアイテムなどは一切書いていません。

けっして企業秘密だから、ということではないんです。

最初は美容のノウハウ本にするつもりでした。


今回ありがたいことに、「本を書いてみませんか?」という お話をいただき、受講生の皆さまにもシェアしたところ、

「masumi先生の人生ストーリーが読みたい」

「masumi先生の美容マインドを知ってほしい」

「masumi先生の名言集を作ってほしい」

そんな嬉しいお声をたくさんいただいたおかげで、
いつも講座でお話ししている「マインド」に関する内容だけで1冊できてしまいました(笑)

本書には、美容に関するマインドだけでなく、私自身の経験や人生のストーリー、そしてその中で得た「生きた智慧」や「学び」もたっぷりと詰め込んでいます。

メイク講座の講師や、美肌づくりの講座を4年も続けている私が、人生初めて出版する本に、美容のテクニックを一切書かずに、マインドのみについて書くことは一つの挑戦でもあります。

この本を読んでくださったあなたが、masumi流・美容マインドを身につけ、「ジブン史上最高のイイ女を自分に見せる」覚悟を持ったとき、あなたの中で可能性が広がった感覚が芽生えるかもしれません。

本書がそのきっかけとなることを、心から願っています。

メイク講師・美容コーチ　masumi

CHAPTER 3 masumi流・美容マインド

CHAPTER 4 自由気ままに妻・母を楽しむ

CHAPTER 5 接客に生かせるmasumiマインド

CHAPTER 6 たいせつな人たちからみた私

CHAPTER 7 これからのこと

CHAPTER

1

美容マインドに特化したワケ

なぜ講座の初日にマインドについて話すのか?

改めまして、美容コーチのｍａｓｕｍｉと申します。

私は普段、美容・メイク・ファッションをお仕事にしている方々や、メイクやスキンケアでキレイになりたい女性に向けて、イメージコンサルタントスクールの講師として、メイクの方法をお伝えしたり、美肌をつくるためのオリジナル講座を、自身のサロンや全国のサロンで定期的に開催させていただいています。

私の講座はこれまでに、鹿児島、福岡、神戸、大阪、名古屋、横浜、新潟、札幌の８拠点で50回以上開催させていただき、今も多くの方々にご参加いただいています。

受講生の方々は、イメージコンサルタントやパーソナルスタイリスト、美容部員、美容師など、女性の美に関わるお仕事をされている方や、経営者・フリーランス・会社にお勤めの方まで、「美容」に興味・関心の高い女性が多いのが特徴です。

さらに、私の講座には少し変わった特徴がありまして、**受講生さんの多くが**

講座中に涙を流されるということなんです。ちょっと驚きますよね。

なぜそんなに多くの方が涙されるのか……。

私の講座って余談が本当に多いんです（笑）。脱線して、自分の家庭の話や、幼少期の話をしたりすることも。

実は、その「余談」が多くの方に刺さっていて、受講生さんの中には、私の言葉を「ｍａｓｕｍｉ語録」としてノートに写経している方までいるんです。

印象深かったのは、６人の受講生さんが全員泣いてしまったこと。

「私、子どもの頃こんなことがあってね」と何気なく話しただけなのに、気がついたら受講生のみなさんが泣きだしていたんです。でも、その涙は決して私の話に対するものではないんですよね。その瞬間、自分自身の人生を振り返り、過去の出来事と向き合うきっかけになったんだと思います。

講座中の「余談」によって、自分自身の在り方を掘り下げて考える「きっかけ」を提供できているのかもしれません。

余談って、ただのおしゃべりのようでいて、実はとても大切な役割を持っているんですよね。masumiの「余談」は講座中の隠れた名物かもしれません。

私の講座にいらっしゃる方々は、美に携わる方が多く、ご自身の容姿にある程度の自信をお持ちの方がほとんどです。しかし、講座の中では「本当の意味で自分自身を認めているか？」を深く掘り下げていきます。

たとえば、「お客さまのために施術の時間は確保していても、自分のスキンケアやメイクのために時間を取れていますか？」とお尋ねすると、多くの方が「自分のことは後回しにしている」と気づかれるんですね。

子育てや家事のために自分の時間を犠牲にされていたり、仕事を優先しすぎて自分を顧みる時間が取れていなかったり。ありのままの自分を受け入れられず、つい自分を責めてしまう方も多いのです。

「あなたのままで大丈夫」
「わたしのままで美しい」

この言葉を周囲からもらうことがなく、自分にすらかけてあげていない女性が本当に多いんです。

だからこそ、ｍａｓｕｍｉ流のスキンケアを通じて、自分を認めて満たしていくことの大切さをお伝えしているのですが、こういったお話をすると、涙を流される方が後を絶たないんですね。

講座後のアンケートでは、こんな嬉しいお言葉をいただくことがあります。

「受講して気づいたことは、今までいかに自分への労りを疎かにしてきたかということです。先ずはシミ取りに行きます！」
「ｍａｓｕｍｉ先生を拝見して、美しくいることで自分を満たし、周りから大切に扱われること、心が変わること、可能性が広がることを実感しました」

「自己肯定感」という言葉をよく耳にするようになりましたよね。私が思う自己肯定感を上げることは、「**自分との小さな約束を守り続けること**」です。

「メイク、美容をちゃんとしなきゃ！」と思われる女性ほど、つい自分に課す目標が高すぎるので、美容に対してハードルを上げすぎてしまいます。

そういった女性たちには「化粧水を毎日塗る」「眉毛だけは毎日描く」といった簡単なことからでいいんです。自分との小さな約束を守り、それを積み重ねていくことで、自己肯定感は少しずつ育まれていくんです。

私が「お客さまへの美肌づくり講座」の中で、技術やテクニック以上に「マインド」について手厚く伝えるのには理由があります。それは、マインドさえ変われば、女性は自然とキレイになっていくものだからです。

どんなに優れたスキンケアの方法やメイクのテクニックを学んでも、それを活かす土台となる心が整っていなければ、その効果は長続きしません。

でも、心のあり方が変われば、日々のケアやメイクに対する姿勢が変わり、それがその人の外見や表情、さらには雰囲気にまで反映されていきます。

マスミストとは

私は「ＭｅｅＭ（ミーム）」というサロンで、「お客さまへの美肌づくり講座」を４年以上続けてきました。

いつしか、受講生の皆さんが私の名前をもじって、自分たちのことをカタカナで「マスミスト」と呼んでくださるようになったんです。

インスタグラムを見て私を見つけ、講座に来てくださる方が多いのですが、実際にお会いしたときによく言われるのが、「光を放っている」「カリスマ性がある」「拝みたくなる」といった言葉です。本当にありがたいお話です。中には、私と会った瞬間に「ずっとお会いしたかったです」と感極まって泣いてしまう方もいらっしゃるんですよ。

近年では、マスミストの皆さんの間で「ｍａｓｕｍｉ先生に会うと、次々といいことが起こる」という噂が広まり、「マスミ神社」という言葉まで生まれました。

さらには「ｍａｓｕｍｉ先生はもはや世界遺産だ」と言っていただき、「マスピチュ」という別名までいただくように。

どうやら、世界制覇も近いみたいです（笑）

当時学生さんで、メイクが大好きな男性受講生さんからは、ホスト界の帝王ローランドさんの名言「俺か、俺以外か」をｍａｓｕｍｉヴァージョンにして、「男性か、女性か、ｍａｓｕｍｉか」という映画のタイトルのような異名をいただくことも。性別さえも超えてしまったみたいです（笑）

こうしてたくさんの方に温かいお言葉をいただく私ですが、正直に言うと、自分の顔の造形については生まれつき美しいとは1ミリも思っていませんでした。

私は「美人」ではなく「雰囲気美人」であるという自覚があり、それをメイクによって、意図的に作り出しているんです。

つまり、「雰囲気美人は誰でもなれる！」ということを講座でもお伝えしています。

美肌づくりやメイクに関しては、誰にも負けない自信があります。雨の日も風の日も、毎日3時間ほどかけて自分の肌や顔を作り上げていますから。メイクを通じて、毎日なりたい自分に変身しているんですよね。

今では多くの女性から「ｍａｓｕｍｉ先生みたいな大人になりたい」と言っていただけるようになりました。本当にありがたいことです。でも、ここまで来れたのは、人一倍メイクやスキンケアや美容が、**ただ好きだったから**だと思います。

よく驚かれるのですが、私は集客やマーケティング、ＳＮＳの運用方法などを一度も学んだことがありません。それでも、広告費を一切かけずに、全国8拠点で4年間に毎月講座を計50回も開催できたのは、私を慕ってくださる受講生の皆さんや口コミで広げてくださる方々のおかげです。本当に感謝しかありません。

最初は3日間の講座でしたが、後にマインド編を取り入れて4日間の講座に変更しました。これも、より深く「美容マインド」をお伝えしたいという思いからなんです。

2年ほど前から、さまざまな方に「本を出してほしい」「ｍａｓｕｍｉ先生の本が読みたい」と言っていただく機会が増えてきました。

実を言うと、私は本を出したいと強く思っていたわけではありません。もちろん、声をかけていただいたときはとても嬉しかったです。

自分が本を出すなんて夢にも思ってもいなくて、「一生縁のないことだろうな」と感じていたんです。それくらい遠い世界の話に思えていました。

去年の今頃、ホームページのリライトをお願いしたきっかけで出会った編集長の方に「本を出しませんか？」と言っていただきました。

「おもしろそう！」「これはもしかしたらタイミングかも！」と思い、フィーリングで即決してしまいました。

お声かけいただいた時、まるで思いもよらぬギフトが突然やってきたような感覚だったんです。周りの方々からいただいていた言葉が、ある日思いがけずポンっと現実となったような、そんな不思議な気持ちでした。

「努力しなくても、こんなふうに叶えられることってあるんだな」と感じた瞬間でもありました。ただ、好きなことを心から楽しんで続けていたら、まるでプレゼントのようにその機会が訪れた奇跡。これは私にとって、とても大きな気づきであり、嬉しい出来事でした。

今回の著書は「美」をお仕事にしている受講生さん（マスミスト）以外の方々にも響く内容を目指して書きました。もしかすると、本書を読んでくださっているあなたも将来的には「マスミスト」の仲間入りをしているかもしれません（笑）

本書では、実際の受講生さんたちのリアルな声もたくさん掲載しています。私の講座を受ける前と後で、どのように変化されたのか。

「自分を丁寧に扱えるようになった」
「自分と向き合うことができた」
「人生が楽しくなった」

そんな嬉しい言葉を数えきれないほどいただいています。

受講生さんたちのおかげで、私は毎回講座を開くたびに、「ここで死んでもいい」と思えるくらい幸せな時間をいただいているんです。

もちろん、私の講座で必ずお伝えしている「自分と向き合うためのmasumi流・スキンケア方法」なども詳しく書いています。

もし、まだ私の講座を受けたことがない方がこの本を読んでくださっているなら、ぜひ一度、読んだ後私に会いに来てください。会いたい人に会いに行くこと、それは、自分の世界を広げる一つのきっかけになりますから。

人は見た目が10割

「人は見た目が9割」という著書もありますが、私は10割だと思っています。それくらい、見た目はその人の人生を大きく左右するものだと感じているんです。

私は感覚的にそう思っていただけなんですけど、色々な講座やセミナーで学びをする中で、メインの事業が、美容ではないジャンルで活躍する方々も「見た目」の重要さを語っています。

斎藤一人さんが「人は見た目が100%」と言っていることを知ったのは後々です。同じ考えを持っているとわかってすごく嬉しかったです。

以下引用です。

・女の人はキレイな方が得なんだよ。単純に言ってキレイは得なの、お金が無いよりあったほうがいい、っていうのと同じでね。
・単純に、「キレイだね」とか「段々、キレイになってくね」とか言われながら生きたほうがゼッタイ楽しいと思うんです。単純に、「キレイだね」と言われることってうれしいことじゃないですか。自分のなかで「えぇ〜そうかな」と思いながらも楽しくて楽しくて、この波動が人生を好転させるから、さらに楽しくなって、人生が面白くなる。
・神さまは美しいものが好き。心も顔もキレイな方がいいんです。

引用「斎藤一人 開運つやメイクと魔法の法則」舛岡はなゑ

人相学を学んだときにもこんな話を聞きました。

・肌の状態が運気に影響するということ。
・ツヤのある肌の持ち主はお金に困らない。

さらにＹｏｕＴｕｂｅ「波動チャンネル」の桑名正典さんも、波動の高い女性の特徴として、「ツヤがあって華があって清潔感がある女性」と表現しています。

多くの女性は、死ぬまで「キレイでいたい！」という本能を持っています。老人ホームでは必ず男女が一緒に生活していますが、意図的にこうなってるって知っていましたか。老人ホームで同性同士で生活してしまうと、認知症が進んでしまう傾向があるみたいです。

年齢を重ねても異性の前では素敵な姿を見せたいと思うのが女性の本能であり、それが「生きる力」や「前向きな気持ち」を与えてくれるのだそうです。

もちろん、今は多様性の時代。好きになる相手が同性の場合でも、「相手にとって魅力的な存在でいたい」という本能は同じように当てはまると思います。

誰かにとって魅力的な存在であることは、性別は関係なく、その人自身の自信や生きやすさにつながるものですから。

このように、美容以外の学びを通しても、私が以前から感覚的にやっていたことや価値観などが合致することが多く、答え合わせが楽しくて、美容以外の学びも続けています。

成し遂げたいこと

私は美容やメイクの仕事を積み上げてきたことで、「**女性の可能性を広げて輝かせる**」ことが自分の使命だと感じてきています。

私自身、美容とメイクによって人生が大きく変わったからこそ、この素晴らしさを多くの女性に知っていただきたいと思うようになりました。

美容コーチとして、「女性は外見を変えることで、人生の可能性は無限大になる」ことを伝えたいんです。

最初は、そんなことすら頭にありませんでした。ただ単純に「私、メイクと美容が好き！」という気持ちから始まりました。でも、メイクと美容が好きすぎるがゆえに、他の人には見えていないことや感じていないことに気づく瞬間が増えていったんです。

このｍａｓｕｍｉ流・美容マインドは、メイクや美容を仕事にしている女性や美容が大好きな女性だけでなく、接客に関わるあらゆる業種でも役立つものだと思っています。

女性には無限の可能性があり、自分の美しさや独自の価値に気づくことで、どんどん輝いていくと信じています。これまで関わってきた受講生さんたちも、鏡ごしに初めて出会う「自分史上最高のイイ女」＝自分の姿を見て涙される方も。

そういった気づきと感動を与え続ける存在であり続けたい。そう思ってこの仕事を続けています。

セルフイメージを上げるということ

私自身、生まれつきキラキラしたポジティブな自分だったわけではありません。学生時代、「かわいい」とか「キレイ」と言われた経験なんてほとんどなかったんです。社会人になってからメイクを始めたことで、人からの扱われ方やかけられる言葉が少しずつ変わり始めました。

そのおかげで、

「丁寧に接してもらう価値のある存在かもしれない」

と、思えるようになって、

「私、大切に扱われる存在であってもいいんだな」

と、自分のイメージがどんどん書き変わっていったんです。


メイク講師の仕事を始める前、私は「自分にはリーダーの素質なんてない」って思っていました。人前に立つのも得意ではなかったし、「学級委員長」や「班長」といった「長」がつくポジションに就いた経験もなかったんです。

けれども、多くの人から「講師向いてるね」「教え方が上手」「オーラがあるね」「雰囲気が素敵」って何度も言われるうちに、「これが私の個性なんだな」って受け入れられるようになりました。そうして、少しずつセルフイメージが書き変わっていったんです。

100人以上から同じような言葉をもらうと、「たまたまじゃないな」って確信します。たとえそれが社交辞令だったとしても、「嬉しいです！ありがとうございます！」と素直に受け取ることが、自分の価値を再認識し、セルフイメージを育む大切なステップになるんですよね。

好きなことをしているとき、私にとって「努力」という概念は存在しません。ただ夢中になって楽しんでいるだけです。他の人からは「努力してる」と言われることもありますが、私にとっては単に「好きだからやっている」だけのこと。

たとえば、料理が得意な人が料理研究家になるのは自然なことですが、料理が苦手な私が料理研究家を目指そうとしたら、ものすごい努力が必要です。でも、メイクに関しては一度も「努力した」と感じたことがないんですよね。むしろ楽しくやっていたら、結果的に「努力家だね」と周りに言われるようになっただけなんです。

私にとっての美容やメイクがまさにそうでした。誰かに褒められるためではなく、自分が心から楽しくてワクワクするから続けられています。それが結果として、自分のセルフイメージを高めることにつながっているんだなって思います。

セルフイメージは、自分の可能性を広げる鍵です。自分を大切にし、「こうありたい」という姿を思い描きながら、それを実現する行動をコツコツ積み重ねていく。

そうすることで、「これが私なんだ」っていうイメージが、自然と当たり前の自分になっていくんですよね。セルフイメージを上げることは、自分との信頼関係を築くことでもありますし、自分らしく生きる力を手に入れることにもつながります。

ぜひ、あなたも自分の魅力や価値に気づいて、自分らしいセルフイメージを育んでみてくださいね。

「ｍａｓｕｍｉぎれ」を起こすマスミストに向けて

私の講座を受けてくださった受講生さん（マスミスト）は、しばしば**ｍａｓｕｍｉぎれ、ｍａｓｕｍｉロス**を起こしていると言われます（笑）。これは、私の講座が終わってしばらく経った時に起こる現象なんですね。インスタのＤＭなどで「ｍａｓｕｍｉロスです。早くお会いしたいです」などといただくこともあり、大変嬉しい限りです。

では、ｍａｓｕｍｉぎれやｍａｓｕｍｉロスを起こした受講生さんはどうするのかというと、定期的に私のインスタグラムをチェックしてくださったり、ストーリーズにコメントを送ってくださったりします。

また、講座にアシスタントとして入ってくれたり、再受講してくださったり、個別メイクコンサルを受けてくださる方もいらっしゃいます。さまざまな形で私に会いに来てくださるんです。

数ヶ月前に私の講座を受けてくださった受講生さんが、会社でいつもお局に言われっぱなしだったのに、初めて自分の気持ちを伝えることができたと報告してくれました。

また、毎日仕事に追われて自分の時間が全く取れないというボロボロの状態で講座に来られた受講生さんもいらっしゃいました。

彼女は講座を受けた後、朝2時間早く起きてお風呂に入り、スキンケアやメイクに時間をかけるようになったそうです。睡眠時間を2時間削ってまで朝早く起きるというのは、かなり大きな決断だったと思います。

彼女は朝の2時間を「自分の時間」と決めて、自分と向き合い、丁寧にスキンケアをしたりお風呂に入ったりすることで、自分を大切にする時間を持つようになった結果、毎日の疲れが溜まらなくなり、会社で嫌なことがあってもすぐにマインドを切り替えられるようになったそうです。

「前よりも強くなって生きやすくなりました。自分のことが好きになったんです」と泣きながら話してくれたとき、私も思わずもらい泣きしてしまいました。

私の講座がきっかけで、そのように人生を豊かに生きられるようになった「マスミスト」たちを、私はこれからも一生応援していきたいと思っています。このように、私と「マスミスト」の間で見えない絆が毎回生まれ、その連鎖が続いていると感じています。

これが、私が講座を続けていきたい理由の一つです。もっとたくさんの女性に、「自分を大切にする」ということを知って幸せになっていただきたいのです。

ｍａｓｕｍｉぎれ、ｍａｓｕｍｉロスを感じるマスミストの皆さんには、この著書を何度も何度も読み返して、自分に落とし込んでいただければと思います。そして、会いたくなったらぜひ会いに来てください。私はいつでもあなたの味方です。

まだマスミストではないあなたも、大丈夫。この本を読んだ後には、いつの間にかあなたもマスミストの仲間入りです（笑）

CHAPTER

2

masumiの人生ストーリー

男の子のような少女時代

小学校時代、同級生の女の子たちが夢中になっていた「リカちゃん人形」には全く興味がなかった私。代わりに男の子たちと一緒に「キン消し」で遊んでいました。今の女性には聞き慣れない単語かもしれません。キン消しとは「キン肉マン消しゴム」の略です（笑）。

キン消し遊び以外は、男子と一緒にセミ取りをしたり、木登りをしたり。男の子のような幼少期だったんです。

当時の私は、喜怒哀楽をしっかり表に出す子どもでした。「美味しい」「嬉しい」といった感情を素直に表現することが、周りにいる大人たちにとっては嬉しかったのではないかと思います。

その経験が、今の私の基盤になっているのかもしれませんね。

「感情を素直に出した方が、周りは喜んでくれる」。そのことを無意識に体感していたのでしょう。

講座で受講生さんたちに「嫌いなものからやめていってね」と伝えているのも、こうした幼少期の経験があったからかもしれません。

そんな自由奔放に生きていた私に、人生を大きく変える出来事が訪れます。小学三年生の終業式の日のことでした。担任の先生が帰りの会で、突然こう話し始めました。

「今日でこのクラスを去る生徒がいます」

「転校してしまう子がいるんだ。誰だろう？」

そう思いながら聞いていると、信じられない言葉が続きました。

「ますみさん、前に出て一言お別れの挨拶をしてください」

まさか転校するのが自分だったなんて……。母からは何も聞かされていなかったので、衝撃でした。後で知ったことですが、当時、母は父親から逃れるために「昼逃げ」つまり昼間に引っ越しをする計画を立てていたのです。

突然の引っ越しにより、父や仲の良い友達と別れることになった私。それを境に性格が一変しました。それまでは自由奔放な子どもでしたが、「場の空気を読まなければ」「私が発言したら母が批判されるかもしれない」「母を守らなければ」と考えるようになり、感情を抑えることが習慣になったのです。

引っ越し後の生活は、母、私、小さな弟とのアパート暮らし。母は昼も夜も働き、私たちは祖父母の家に預けられることがしばしばありました。

当時心の支えになったのは、叔母や祖父母の存在。彼女たちに抱きしめてもらうことで、私は初めて愛情の温もりを知ることができ、そのおかげで私は非行に走ることはありませんでした。

その後、知らないうちに母親が再婚していて、高校3年生の時に17歳年下の妹が生まれました。新しい赤ちゃんが家にくる喜びと、いろんな思いで複雑な気持ちでした。妹のことは今でも大好きで、今でも仲良しです。年も離れていたので、妹からするとなんでも言える頼れる姉だったみたいです。

物心ついた頃からファッションだけは好きでしたが、高校時代の私は全くメイクに興味がありませんでした。友人はメイクや髪型にこだわり、おしゃれを楽しんでいましたが、私は最新のコスメにもあまり興味がなかったです。高校時代の私を知っている友達が、今の私の仕事を聞いたら驚くと思います。

当時の私は、ビジュアルに関するコンプレックスも特にありませんでしたが、自分のことを「かわいい」や「美人」と思ったこともありませんでした。鹿児島の田舎で育ち、日焼けして真っ黒な猿のような見た目でしたから（笑）。

当時の私は一言で言えば「勤労少女」。妹が生まれたばかりで、家計を助けるために焼き鳥屋、コンビニ、パン屋でアルバイトをし、週末は朝4時に起きて働いていました。顔は真っ黒に日焼けし、バイト先では「タール」というあだ名をつけられるほど（笑）。

メイクがもたらす「変身」の魅力

高校卒業後は経済的な理由から大学進学を諦めて就職を選びました。しかし、社会に出ることで、少しずつ自分の世界が広がっていき、自分自身に投資する楽しさを知るようになったんです。

当時の私は事務の仕事をしていて、今からしたら考えられませんが、仕事にはすっぴんで行ってましたね。夜に友達と遊びに出かけるときだけメイクをする、というスタイルでした。地元が車社会だったので、一旦家に帰り、車を置いてからメイクをして遊びに行くのが一般的な流れでした。

メイクをして外出すると、周りの人たちからの反応が全く違うことに気づきました。「今日の顔、なんかいい感じ!」「雰囲気いいね!」と言われることもあり、新鮮でした。この体験を通じて、メイクには人の対応を変える力があるんだなって実感しました。そんな経験が、私の中でメイクへの魅力をより深めるきっかけになったんですよね。

女性にとって「変身願望」は本能的なもの。

映画「プリティ・ウーマン」や韓国ドラマなどでも、貧しい主人公が華やかに変身するシンデレラストーリーは、多くの女性を惹きつけます。こういった物語に魅了されるのは、女性が持つ根本的な変身願望に共鳴するからなんじゃないかなと思います。

美容整形やエステには時間やお金がかかったり、ダウンタイムが必要だったりしますが、メイクは短時間で簡単に変身できるところが大きな魅力なんですよね。

たった20~30分（ｍａｓｕｍｉの場合は90分）で、自分をまるで別人のように変えることができるこの手軽さは、子どもの頃から憧れていた変身願望を現実に叶えてくれるものだなって感じます。

メイクをすることで、自分自身が変わるだけでなく、その変化を通じて周囲の反応が変わるという「ビフォーアフター」をすぐに体験できるのも、大きな魅力の一つです。

メイクの持つ力と可能性に気づいたものの、後にそれが仕事になるとは思ってもみませんでした。メイクは単なる外見の変化だけじゃなくて、内面にも自信を与えてくれて、人生を豊かにする手段だと、この経験を通じて確信するようになったんです。

鹿児島から東京へ——変化の始まり

22歳のとき、「長期旅行に行く！」という名目で、会社には長期間の有休を取り、鹿児島からバッグ一つで上京した私。

横浜で友人とルームシェアをしながら、少しずつ都会の生活に馴染んでいきました。今思い出しても、あの時はめちゃくちゃ毎日が新鮮で、本当に楽しかったです。「もう少しだけ、あと1ヶ月だけ！」とジワジワ延ばし続けた滞在期間でしたが、いつの間にか住み着いてしまい、そのまま地元の会社を辞めてしまったんです。今思えば破天荒すぎますよね（笑）

23歳で横浜にアパートを借り、一人暮らしを始めた私は、派遣社員として働きながら、休日には職場の仲間たちとスノーボードやウェイクボードを楽しむ充実した日々を過ごしていました。当時出会った人たちは、今でも私にとって大切な存在です。

横浜に来たばかりのころは、都会の華やかな雰囲気や人々のスタイルに圧倒されて、「私も変わりたい！」って思いました。メイクやファッション、スキンケアにさらに興味を持ち始めたのもこの頃。

変身を楽しんでいたところから、自分を磨くことの大切さに気づいたんです。この気づきが、自分の自尊心や自己表現を大きく変えるきっかけになりました。

自己肯定感が上がってきたのもこの頃です。この好循環が本当に気持ちよくて、どんどんメイクの魅力に引き込まれていきましたね。

本格的にメイクに目覚めたきっかけは、自分のコンプレックスでした。私が悩んでいたのは、アトピー肌による年中続く肌荒れ。「この肌をどうにかしたいな」っていう思いが強くて、ただ自分のために自己探求を続けていただけなんですよね。

続けてみてわかったことは、美容に一発逆転のホームランはないってこと。結局は、小さなことの積み重ねが大事なんです。例えば「マメな保水」など、コツコツと続けることに意味があるのです。

もちろん、整形を含めた美容医療には賛成です。それが自分を輝かせるための選択になるなら、とても素晴らしいことだと思います。ただ、それ以外の日常的なケアの仕方も同じくらい大事なんです。

「整形をしたから毎日のスキンケアはサボる」ではもったいないと思います。日々のスキンケアや丁寧な自分磨きが、長い目で見て本当の美しさを育ててくれるなって実感しています。

当時の私は、ドラッグストアで新しいコスメを試したり、美容雑誌を読み漁ったりして、スキンケアやメイクについての知識を蓄えていました。当時のお気に入りはＲＭＫの化粧品でした。みなさんも通ったことありませんか、ＲＭＫ。

お風呂場に化粧スプレーを持ち込むほど、肌を美しく保つ方法を日々研究していたんです。そのおかげで、アトピーの症状が改善しただけではなく、心も整って、「肌悩みを一度で解決する裏技はなく、日々の積み重ねが大事」だということや、「美しさとは心と体の両方を磨くことが大事なんだ」という答えにたどり着きました。

楽しくてたまらなかった専業主婦10年間

皆さん、専業主婦に対してどんな印象を持っていますか？
今、若い方たちがどんどん結婚をしなくなってきていますよね。結婚が必須ではなくなっているのが、今の時代の特徴なのかなと思います。同時に、専業主婦に対するネガティブなイメージも強くなっているように感じますね。

実は、私は10年間専業主婦をしていました。10年間本当に幸せで、楽しい毎日を過ごしていたんです。ママ友とも仲が良くて、子どもたちと一緒に食事会を定期的に開催したり、家族ぐるみで旅行に出かけたり、子どもが喜ぶようなイベントを開いたりしていました。

働いていないと生活がつまらないとか、専業主婦が鬱々としているといった描写をテレビドラマなどで見かけることがありますが、私にはそんな悲壮感は一切ありませんでした。子どもの成長を間近で見られることは本当に楽しくて、子育ても素晴らしい経験だと心から感じています。

育児ノイローゼになったことも、10年間専業主婦をして後悔したこともありません。「専業主婦から抜け出したくて働きに出る」という話もよく耳にしますが、私にはそのような気持ちは全く湧かなかったんです。

私が働きに出たのは、子供が小学校一年生に上がって、周りのママ友たちが一斉に働き始めたことでした。遊ぶ友達がいなくなってしまったので、私も慌てて働こうと思ったんです（笑）。

そこで選んだのが、以前からとても興味のあった美容に関するお仕事でした。昔、肌の疾患で悩んでいた時代に得た知識を活かせるエステの世界に飛び込んでみることにしたんです。「できること」ではなく「したいこと」を選んでみました。

こうして10年間の専業主婦生活を経て、初めて社会に働きに出ることになりました。それまでの専業主婦としての生活が、私の今の原点になっていると感じています。

がむしゃらエステティシャン時代

エステティシャンとして働き始めたのは、私が30代後半になってからのことでした。それまでの私は、特に向上心が強いわけでもなく、与えられた状況を楽しむタイプだったんです。

だからこそ、30代後半からエステティシャンとして新たな挑戦を始めたことに、多くの人が驚いていました。

「どうしてアラフォーから始めて成功できたんですか？」
とよく聞かれるんですけど、その時はいつも、
「何歳からでも挑戦できるんですよ」
と答えています。

エステティシャンとして働いていた頃は、競争の中で必死にがんばっていました。でも、振り返ってみると、当時の私は損得を考えることもなく、ただ目の前の仕事に集中していました。

先の予定や目標を立てることもなく、「今が楽しければいい」という感じで過ごしていたんです。

一度はエステティシャンとして順風満帆に給料も上がり、数字を追いかけるポジションに就くと、仕事を楽しめなくなってしまったんですよね。思い切って「給料が下がってもいいので元のポジションに戻してください」とお願いしたんです。

楽しく仕事をしたいという気持ちが、それだけ強かったんだと思います。この時期の経験から、楽しむことが何より大切だと学びました。

そして今、私が講師として教えるときも、この考えを大切にしています。

自分で言うなって感じかもしれませんが、いい意味でも悪い意味でも、私は素直なんですよね(笑)。その結果が、今の私につながっているんだなって思います。

ワンピースのルフィみたいだね

何人かの方から「ｍａｓｕｍｉさんの在り方って、ワンピースのルフィみたいですね」って言われたことがあります。実は私、ワンピースを読んだことがなくて、ルフィの性格とか全然知らなかったんですよね。でも、どうやら細かいことを考えない人らしいです（笑）。

ルフィの性格を人から教えてもらって、「あー、そうかもしれない！」って思いました。確かに私、どちらかというと少女漫画の主人公タイプではないな～って感じです（笑）。私は、その場で与えられたものや目の前にあることに必死になるタイプで、計算とか全然できないんですよね。

今日を振り返ったときに、「あ、そういえば今日がんばってたな」くらいの感覚で、その時々には努力しているとか、何かに耐えているって感じることもないんですよね。楽しむことが人生において一番大切なことだから。それが私の生きるスタンスなんです。

メイク講師になったきっかけ

エステティシャン時代、私は毎月来てくださるお客さまに必ず、その人のプラスになる何かを持って帰っていただきたいという思いで、エステの後に完全にサービスでメイクをしていたんです。本当はメイク時間をカットすればもう一枠、お客さまの予約を取ることもできます。

でも、いかに効率よく1日に予約をたくさん入れるかよりも、目の前のお客さまにエステやメイクを通じて想像以上の感動を持ち帰っていただくことの方が、私にとっては格段に重要だったんですよね。

その接客のスタンスから、私はパーソナルカラー診断や顔タイプ診断®の資格を取りに行くことにしました。

まさか仕事にするなんて夢にも思ってません。ただ、エステのお客さまにもっと喜んでいただきたい、そんな想いでした。

当時から目の前のお客さまに全力で向き合うというスタンスは今も変わって

いませんね。

「日本顔タイプ診断協会」で顔タイプアドバイザー1級を受けに行ったときのことです。同じクラスには、会社を15年ほど経営されている女性経営者がいらっしゃいました。

彼女は「まきねぇ」といいます。趣味でおしゃれが大好きな方で、新しい美容事業のために受講しに来ていたんです。

まきねぇが講座で私を見て、「この人、使える！」と思ってくださったみたいなんですよね（笑）。そしてなんと、

「横浜にイメージコンサルタントサロンを作るから、そこでイメコンをしない？」

とオファーをいただき、私の住まいの近くである横浜にマンションを借りてくださったんです。集客までしていただけるという至れり尽くせりの環境でした。

でも、私は本当に「なんでもできるタイプ」ではなかったので、「できないです、できないです」と言い続けていたんです（笑）。

それでもまきねぇは、「大丈夫、大丈夫！　あなたは原石だから！」と、まだなにもできない私になにかを感じてくれて、太鼓判を押してくださいました。

結局、なんのレクチャーも受けないまま、「これがメニューだからやって！」と突然言われまして。もう箱（店）も用意されていて、集客していただいた以上、やるしかない状況に追い込まれたんですよね（笑）

こうして、強引なまきねぇのオファーを受けて、私は横浜でイメージコンサルタントとして新たな一歩を踏み出すことになりました。

この経験が、私の人生を大きく変えるきっかけになったんです。まきねぇには、今でも感謝の気持ちでいっぱいです。

オープンと同時にコロナがはじまった

コロナがちょうど始まるという時期に、横浜で「Briller（ブリエ）」というサロンがオープンしました。でも、コロナの影響で、最初はすぐに閉じるしかなかったんです。

オーナーのまきねぇも、きっとすごく苦しい思いをされていたと思いますが、弱音を吐かず、スタッフの士気が下がらないように努力してくださっていましたね。

緊急事態宣言の間も、私たちは毎日のようにオンラインで打ち合わせを重ねました。カラーやメイクの話をしながら、お互いのスキルアップに一生懸命取り組んでいたんです。少し落ち着いて、いざオープンができるようになったとき、最初は月に1人のお客さまからのスタートでした。

一対一のイメージコンサルタントとして、パーソナルカラー診断、骨格診断、顔タイプ診断の三つを組み合わせて、その方に似合うスタイルを提案するセッションを行いました。

診断名をしっかりとお伝えして、「カラーはこれ、骨格診断はこれ、顔タイプ診断はこれ」といった三つの診断結果を基に、その方に似合う軸を見つけていく形式です。一人ひとりのお客さまに全力投球で向き合っていました。

その結果、あるお客さまが友達に紹介してくださるようになり、ＳＮＳが苦手な私でも口コミでお客さまがどんどん増えていったんです。

４人になり、８人になり、気づけば月に20人近くまで増えていました。コロナ禍にもかかわらず、対面で受けに来てくださる方が増えて、講座を開催するようにもなりました。

約2年間、Brillerでたくさんの経験を積ませていただいた後、自分のサロン「ＭｅｅＭ」を立ち上げました。まきねぇやお客さまとの出会いがあったからこそ、今の私があります。本当に感謝しかありません。

卒業と同時にテレビ出演モデルへのメイクオファー

エステ時代に通っていた、都内のHAPPY SPIRAL Academyというイメージコンサルタントスクールで、「顔タイプアドバイザー1級」を受けた後、「メイクコース」にも通っていました。当時、私はいち受講生でした。そんな私が、講座の最終日に代表理事から突然呼び出されたんです。開口一番、

「ますみさん、ちょっと来て。明日のメイクの仕事に行ける？」

って言われて、もうびっくりですよね（笑）。

そのスクールでは「顔タイプメイク」を取り入れていて、バラエティ番組で顔タイプ診断®を特集することになったんです。その番組でモデルさんのメイクを担当する人が必要だったらしく、なぜか私に声がかかったんですよ。

「私、ここの講師でもないですし、今日まで受講していた生徒なんですけど？」

って答えましたが、代表は全く気にする様子もありませんでした。

でも、好奇心が勝って、「行きます！」って二つ返事をしてしまいました。こ

れは絶好のチャンスだと思ったんです。

もちろん結果は散々でした。緊張しすぎてメイクもうまくできず、全然納得いかなかったんですよね。でも、それがきっかけだったのか、数ヶ月後に代表から連絡がきたんです。「え？ また？」って驚きましたよ（笑）。

2度目のオファーの内容は、「**ウチのメイク講師にならないか？**」というものでした。まさか、あの名門スクールの講師になるなんて、夢にも思っておらず。本当に飛び級のような展開でした。普通なら、講師になるにはそれなりの経験や実績が必要なんですが、代表は私の伸びしろを見てくれたのかもしれません。

しかし、当時、横浜のBrillerのイメージコンサルタントサロンで店長として立つことに決めていて、もう動き始めていたので、そちらに集中することにしました。

正直に言うとイメージコンサルタントそのものにはあまり興味がありませんでした（笑）。資格を取ったのも、お客さまとの話題作りのためで、それをビジネスにするつもりはなかったんですよね。本当に好きだったのはメイクで、今だから言えるんですが、当時はイメコンスクール講師の方がワクワクする道でした。でも、当時の私は「これがしたい！」って気持ちよりも、最初に声をかけてくれた方の期待に応えることを選んだんですよね。

それからBrillerでイメコンの仕事に集中して働き始めました。でも、半年後に再びイメコンスクールの代表から再度、ラブコールをいただいたんです。

その頃には、イメコンの仕事が軌道に乗り、状況も落ち着いていたので、今度は迷わずにオファーを受け入れることにしました。これが２０２０年の夏頃のことですね。

コロナ禍で起きたイメコンブーム

コロナ禍で外出が制限される中、イメージコンサルタント（以下イメコン）の需要がぐんと高まったんです。外出できない女性たちが自分に向き合う時間を持ち始め、その自己投資の一環として、イメコンのサービスを受けるようになったんですよね。

さらに、インスタグラムの流行で、イメコンの理論がＳＮＳを通じて広まったこともあって、多くの女性がイメコンという仕事に興味を持つようになりました。「私も人をキレイにする仕事に就きたい！」と思う方が増えたんだと思います。

私が講師を務めるイメコンスクールにも、イメコンを目指すたくさんの方々が集まりました。講座では、メイクの基礎や道具の揃え方、ファンデーションの塗り方など、基本的なメイク技術を一つ一つ丁寧に教えていました。メイクインストラクター養成講座として、プロのメイク技術を学びたい方々が受講してくださっていたんですよ。

スクールの生徒さんたちは、会社員、主婦の方など、「起業をして人生を変えたい」という熱い思いを持った方々ばかりで、私も教えるのが本当に楽しかったです。

イメコンスクールの講師は今も続けており、多くの生徒さんと共に学び、成長しています。生徒さんがどんどんスキルを身につけて、自信を持って活躍していく姿を見ると、本当に嬉しくて、「講師として関われてよかったな」って心から思います。

イメコン×メイク講師×エステティシャンの掛け持ち

横浜のサロンにイメージコンサルタントとして所属しながら、都内のイメコンスクールではメイク講師を務めていました。同時進行でエステの仕事も続けていたので、まさに三足のわらじ状態でした。

税理士さんからは「エステは利益率が悪いからやめた方がいいですよ」とアドバイスをいただいていたんですけど、エステのお仕事もお客さまも本当に大好きだったんですよね。だから、どうしても辞める気にはなれませんでした。

今思えば、仕事を三つ掛け持ちしていた時期から、今もほとんど家にいなかったな〜って感じます。当時、娘は高校1年生で、息子は中学1年生でした。そんな私を見て、家族みんながフォローしてくれていたんです。糸の切れた凧のように奔放な母を、温かく見守ってくれる家族には感謝しかありませんね。

イメコンスクールでは、多くの講師がそれぞれ自分のサロンを持ちながらスクール講師をしていました。でも、私は横浜サロンの店長として所属していて、個人のサロンは持っていなかったんです。

あるとき、生徒さんから「イメコンスクールの講師までしているのに、自分のサロンを持たず、所属という形で違和感はないのですか?」と言われたことがありました。当時、「独立したい」「自分のサロンがほしい」という気持ちは全くなかったので、そう言われて驚きました。目の前のお客さまが喜んでくれたり、目の前の生徒さんの変化を感じられたら、どんな仕事のスタイルでも気にならなかったからです。

自分の講座を作ったきっかけ

そんな中、福岡にある nicola（ニコラ）サロンのゆかさんから、「肌づくりの理論を教えてほしい」とずっと頼まれていました。ゆかさんとは、イメコンスクール生徒時代にメイク講座の同期だったこともあって、私の知識や技術をすごく評価してくれていたんです。

肌づくりも、メイクも上手だったゆかさん。

「ゆかさん、メイク上手なのに。私から学ぶ必要あるの？」と言うと、

「人の肌質による肌の作り方がわからないのよね」と彼女は答えました。

そこで自分が長年研究を重ね、メイクの中で大事にしていた「肌づくり」を難しく思っている人がいることに気づきました。

でも、当時の私は、自分の個性が特別だなんて全く思っていませんでした。当たり前にやっていたことが、唯一無二の個性になるということを教えてくれたのが、ゆかさんだったんです。その気づきを与えてくれたこと、本当に感謝していますね。

現在も在籍するイメコンスクールの授業では、メイクの基礎をメインに教えています。私が仕上げたお客さまの写真を見た生徒さんたちからはとても高く評

価していただいていて、

「どうやったらこんなに肌がきれいに見えるんですか？」

「ｍａｓｕｍｉさんの美肌の作り方を教えてほしいです！」

なんて言葉をよくいただいていました。

正直、肌づくりの技術を教えることが特別だとは思っていなかったんです。でも、生徒さんたちのニーズに応える中で、「私の感覚で身につけた技術を言葉にして伝えることで、もっと喜んでくれる人が増えるんじゃないかな？」って思うようになりました。

その技術をきちんと言語化して伝えることができれば、自分の中での技術も再認識できるし、それを受け取った女性たちがもっと自信を持てるようになるかもしれないって感じたんです。

イメコンスクールで講師を務める中で、私は本当にたくさんのことを学ばせていただきました。講師としての活動は今年で5年目。その間に自分のメイク技術や知識をさらに深めることができましたし、多くの生徒さんとの出会いが私自身の成長につながりました。

そして、ゆかさんを始め、たくさんの方から「ｍａｓｕｍｉさんの肌づくりの技術を教わりたい」というありがたいご依頼をいただく中で、自分のオリジナル講座で「肌づくりの技術を教える」ということをやってみようと決意しました。

こうして誕生したのが、**MeMの「お客さまへの美肌づくり講座」**です。私が大切にしてきた肌づくりの技術を通じて、多くの女性が自分の肌に自信を持ち、さらに輝けるようになるお手伝いができればいいなって思っています。

単純さだけが取り柄です

鹿児島に住んでいた中学2年生の頃、かわいがってくれていた叔父の家にご飯を食べに行っていました。たまたま、叔父の釣り仲間のおじちゃんたちが同じタイミングで叔父の家に集まり、彼らとも交流がありました。

当時、釣り好きのおじちゃんたちからは、
「ぺちゃばな〜」「さる〜！」
と言われていました。

今思うと、普通の多感な中学生女子なら傷ついてもおかしくないようなワードだったかもしれません。でも、私はおじちゃんたちの言葉を全く否定的に捉えていませんでした。

「そうだよね、さるだよね」「私、ぺちゃ鼻なんだ〜」くらいに素直に受け止めていたんです。それは、おじちゃんからの言葉には愛があることを感じていたから。からかいの裏側にある愛情を信じていたからこそ、気にすることがなかったのでしょう。そんなある日、一人のおじちゃんがこう言いました。

「お前は将来、美人になるぞ！」

今でもその言葉を覚えています。なぜでしょう、そのおじちゃんからの言葉を、素直に受け取ったんでしょうね。

「へ～女の子って将来美人になるものなんだ～」という考えが、ごく自然に湧き上がったのです。それまで、家や学校でも、美人や可愛いなんて一度も言われたことがなかった私にとって、それは未知の世界への扉を開けるような瞬間でした。エステティシャン時代にも、お客さまからこんな言葉をいただいたことがあります。

「ますみさんは、ここにいるのが不思議。もっと活躍できる場がある」
「サロンのオーナーとかしてそう」

当時の私はこれらの言葉の意味を深く考えることはありませんでした。でも振り返ってみると、これらの言葉は私の潜在意識にしっかりと刻み込まれていたのだと思います。

私は昔から、人からの言葉を素直にそのまんま、受け取る癖があったようです。単純なんですよね（笑）。それが良い方向に作用し、自分では気づかなかった可能性や未来を引き寄せていたのだと、今でははっきりと感じます。

だからこそ、あなたもぜひ、人からの言葉を大切に受け取ってみてほしいのです。たとえそれがささいな言葉に思えても、それがあなたの中に新しい未来を芽生えさせるきっかけになるかもしれません。

言葉を発する側に立つときも、相手にポジティブな影響を与えることを意識してみてください。言葉には、未来を変える力があるのですから。

複雑な過去が今の自分をつくっている

幼少期や学生時代を振り返ると、辛いことがたくさんありました。特に母との関係や幼少期の孤独感は、私の心に大きな影響を与えていると思います。

先日娘の成人式があり、晴れ姿を眺めながら、「ママの成人式の時はね」と娘に話していると、自分の成人式のことがふと頭に浮かびました。

「ますみの成人をみんなでお祝いしてあげるね」と、母が親戚を集め、鹿児島の祖父母の家で、私の成人のお祝いの会を開いてくれたときのことです。

当時の私は、母に対して複雑な思いを抱えていたので、母が開いたお祝いの会を素直に喜べませんでした。母の行動が「パフォーマンス」に見えてしまいました。当時母から、

「あんたのために、やってあげたのよ」と言われ、心の中では「そんな恩着せがましいことを言うなら、やらなくていいのに」なんて思っていました。

でも、今日成人した娘の姿を見て、ふと思ったんです。「あれも母なりの愛情だったのかもしれないな」って。

捉え方が変わると、不思議と心が軽くなるものですね。

母がくれたのは「自分が望む形の愛」ではなかったけれど、決して愛がなかったわけではない。むしろ、母なりの愛の形が確かにそこにあったのかもしれない、

と気付けたんです。

長い間、私は「愛情がなかった」と思い込んで苦しんでいました。

そのために、どこか愛を探し求める人生を歩んでいたように思います。でも、いろんな人との出会いや学びを通じて、こうして捉え方を変えられるようになった今、見える景色がまったく違います。

母は破天荒で、いわゆる教科書通りの母ではありませんでした。子供をほったらかしてすぐにどこかに行ってしまうという自由に生きる母でしたが、そのおかげで「こうでなきゃいけない」という枠に縛られない生き方を学べたようにも思います。

母の生き方が、無意識のうちに自由や手放すことの大切さを教えてくれたのかもしれません。

今になって振り返ると、すべては「捉え方次第」だったんだなと思います。そう気づけたことで、今は感謝の気持ちが湧いてきます。

「愛情」をもっと知りたくて脳科学に出会い、お坊さんの話を聞いたり、多くの学びを重ねてきた中で、気づいたことがあります。

それは、捉え方を変えるだけで、人生が驚くほど楽になるということ。どんな経験も、視点を少し変えるだけで違う意味が見えてくるということです。

自分がそれを味わったからこそ、「お客さまへの美肌をづくり講座」で、自分の心の在り方や、自分や人との向き合い方も教えているのかもしれない、と思いました。

複雑な過去が今の私を作っているのだと捉えることができれば、人生に無駄なことは一つもないんだって思えませんか？

CHAPTER

3

masumi流・美容マインド

五感を研ぎ澄ませる

「なんかよくわからないけど違うかも?」とか「なんとなくそんな気がした」と思うことってありませんか。インスピレーションとか勘って呼ばれるものですが、これは誰もが持っている感覚なんですよね。ここでは、これを「五感」って表現してみたいと思います。

自分の五感を研ぎ澄ませて意識を向けると、その感覚に気づけるようになるんです。

ただ、日常生活の「やらなきゃいけないこと」に追われて、色々ガマンしていると、この感覚が鈍っちゃうこともありますよね。自分のことよりも人のことを優先して、人に合わせてしまったり。特に主婦は自分の趣味や好きなことよりも、家事や育児、家族のために多くの時間とエネルギーを使いがちです。

特別な肌の感覚があるわけじゃなくても、鏡を見て自分と向き合い、感覚を研ぎ澄ませると、「なんとなく好きじゃないかも」とか「もう肌が潤ったかも」っていう微細な感覚に気づくことができるんです。

私がメイクをしたり、お客さまの肌を整えるときも、頭の中に設計図のようなものができていて、自分の感覚とお客さまの反応を観察しながら微調整しているんです。スキンケアも同じで、化粧水の量や回数を「マニュアル通り」に決めるんじゃなくて、自分の肌が「これくらいでいいな」って感じる量を感覚で見極めるようにしています。

化粧水をつける回数も人それぞれで、3回で十分な人もいれば、10回必要な人もいます。肌が「もう十分」と感じるタイミングで自然に手が止まるんですよね。最初は難しいかもしれませんが、これも経験を重ねるうちに磨かれていく感覚なんです。

私自身も、自分の感覚で化粧水を使いながら、「今回2ヶ月も持ったな」とか「ちょっと足りないな」なんて肌の状態を確認しています。この感覚って、実は誰もが持っているものなんです。

毎日朝晩、自分に意識を向けてスキンケアを続けていると、少しずつ自分の中のセンサーが働き始めるんですよ。「なんとなくこれが違う」って思う感覚、実は70％以上正しいことが多いんです。化粧水やパックでも、「これがしっくりくる」「これが合わない」っていう自分の感覚を信じることがとっても大事なんですよね。

人から「Aじゃない？」って言われたとき、「いや、Bだな」とか「いや、Cだな」と、自分の中にピンとくるものが生まれる瞬間ってありませんか。それって、違和感から気づきを得る大切なプロセスなんですよね。

たとえば、「A、B、Cの中でどれがいい？」と選択肢を並べられたら、意外と「どれでもいいんじゃない？」って曖昧な答えになりがちですよね。でも、「BかCだよね？」と限定された選択肢を提示された途端、「いや違う、Aだ！」と、自分が本当に望んでいるものに気づくことがあります。

この「違和感」が大事なんです。決定づけられると、反射的に自分の中で「それじゃない」という感覚がはっきりしてくる。そしてその違和感が、逆に自分の中の本当の答えや、大事にしたいものを教えてくれるんですよね。

最初から「これが正解！」を探すのは難しいけれど、「これじゃない」を見つけていくことで、自分が本当に求めているものに近づいていける。

だから、違和感を怖がらずに、むしろ歓迎してくださいね。「これじゃない」という気づきが、あなたの本当の道を教えてくれますよ。

ジブンに手間ひまをかける

シートパックや化粧水パックを使うときでも、ただ「貼りっぱなし」にするのではなく、自分の手を当てて肌の感覚を感じることがとても大切なんです。自分の手で触れて、ケアを実感することで、肌がその**手当て**をしっかり受け取るんですよね。

もちろん、パックや美容機器を使うのも素晴らしいことです。でも、感覚を伴わずにただ「装置をかけるだけ」になってしまうと、効果は薄れてしまいます。

自分の肌や感覚にしっかり意識を向けることで、スキンケアやメイクの時間がただのルーティンではなくなります。自分を知り、美しさを引き出すための大切な時間に変わるんですよね。私たち人間は本来、こうした感覚を持っています。感覚を信じて、自分に合う方法を見つけていくことが大切なんです。

鏡を見ながらシートパックや化粧水を使うときも、「あ〜私、今肌にいいことをしてるな〜」と自分に言い聞かせましょう。

単なる物理的なケアではなく、脳に「私は肌を修復している」「私はキレイになることをしている」と認識させることで、体もその方向に向かって働いてくれるんです。これって思い込みじゃなくて、ちゃんと科学的にも裏付けられていることなんですよ。

たとえば、髪を乾かすときも同じです。ただテレビを見ながら適当にドライヤーをかけるんじゃなくて、「髪がツヤツヤになる」って意識しながら乾かすんです。これだけで仕上がりが全然違うんですよ。

自分がしていることをしっかり認識して、そこに意識を集中させることが、自分と向き合う大切な時間になるんです。忙しい日常の中でも、この時間を大切にすることで心の余裕が生まれます。

私は朝のスキンケアやメイクの時間を「自分のご機嫌を取る時間」と呼んでいます。

「今日はどんなメイクにしようかな」「どんな服を着ようかな」って考えるだけで、自然と気分が上がりますよね。でも、朝の忙しい時間に自分への手間ひまをかけるなんて、ハードルが高いと感じる方もいるかもしれません。

思い切って家事を手抜きしてしまいましょう。手抜きをして、自分にかける時間を増やした結果、イライラがなくなり、朝からご機嫌でいられるようになりますよ。

実際、朝にジブン時間を作ることで「家族との関係が良くなった」「夫や子どもに感謝が生まれた」っておっしゃる受講生さんもいます。

全部を完璧にこなそうとするのではなく、少しだけ肩の力を抜いてみてくださいね。手抜きをする勇気は、あなたがもっと自由に、自分らしくいられるための第一歩かもしれません。

スキンケア瞑想のススメ

本書は美容に関する本ですが、あえてメイクやスキンケアの具体的なテクニックや「おすすめアイテム」を載せないことにこだわっています。

私の講座でも、初日にｍａｓｕｍｉ流の美容マインドを学んでいただくように、まずはマインドについてたくさんの女性たちに知ってほしいことがあるからなんです。

ですが！　この節では唯一、私の講座の中でも一番のキモと言っても過言ではない「ｍａｓｕｍｉ流・スキンケア法」を特別に公開しちゃいますね。

これは普段、講座に足を運んでくださった受講生さんにだけお伝えしている内容です。今回この本で初めて知ったあなたには、ぜひ大切な友人や家族、パートナーにも教えてあげてください。このスキンケア法を取り入れた受講生さんたちからは、「幸福度が上がった」「人生が良い方向に変わった」とたくさんの報告をいただいています。

ところで、あなたは化粧水をつける時、どうしていますか。手やコットンに化粧水を取ってペッペッとつけ、3秒くらいで馴染ませて次の工程に進んでいませんか。もし「ドキッ」としたら、この節を何度も読み込んで実践してみてくださいね。

特にお仕事をしている女性や子育て中の主婦の方にこそお伝えしたいんです。毎朝忙しいですよね、わかります。でも、私がいつも講座でもお話ししているのは、**「スキルや技術よりも、まずは時間の確保が大事」**ということ。忙しい方ほど、朝早く起きて自分のための時間を取ることをおすすめしているんです。

つまり、早朝にたっぷりと時間をとってスキンケアをするんです。この時間は、いわば自分の今の状態に気付いたり、心の声を聞いたり、自分自身に集中するための大切な時間。この時間を取るか取らないかで、あなたの心の状態がグッと良くなること、間違いありません。

それでは、私が実践している毎日のルーティンを詳しくお伝えしますね！

masumi流・スキンケア法

①毎朝5時に起床
浴槽を洗い、お風呂を沸かしている間にぼーっとカフェラテタイムを楽しみます（約30分）

②お風呂に入る
湯船に浸かり、最初は41度、最後の5分で44度まで温度を上げて血流を促します（30分）※セラミド入りスプレー式化粧水を随時ふりかける

③ボディケア
全裸でボディケアを行います（5分）※セラミド入りスプレー式化粧水をケアの前にふりかける

④ドライヤーで髪を乾かす
アフターバストリートメントをつけて髪をしっかり乾かします（5分）

⑤鏡の前でスキンケア

椅子に座って自分と向き合いながらスキンケアをします（10分）

⑥メイクを楽しむ

じっくりとメイクに時間をかけます（80分）

眉を描く間だけでも眉に没頭。アイシャドウの時はアイシャドウに没頭。

どちらかというとメイクの方が没頭できます

⑦ヘアスタイリング

ヘアアイロンをして、ヘアワックスをつけます（10分）

⑧着替え

お気に入りの服に着替えて1日の準備を整えます（10分）

masumi流・スキンケア法の実践ポイント

1．環境を整える

鏡の前に座って、落ち着いて取り組みましょうね。洗面台の鏡に立ったままはNGです。これからあなただけのジブン時間に集中するのですから。瞑想をしたことがある方はわかると思いますが、立ったまま、なにかをしながら瞑想はしないですよね。masumi流・スキンケア法は、いわば瞑想と同じ概念です。スキンケアをする環境にもこだわりましょう。

私は周りで家族が騒いでいても構わずスキンケアに集中していると、自然と声も入ってこなくなります。家族に「全然話聞いてない！」とよく怒られます（笑）

2．鏡の前で顔を「見る」

顔を眺めている方が多いのですが、必ず「見て」ください。絵のように眺めるのではなく、意識して自分の顔をまじまじと「見る」ということに集中してほしいんです。

3. 化粧水のつけ方

コットンは使わず、手に取った化粧水を顔に優しく馴染ませます。おでこと顎にも化粧水を染み込ませます。頬↓おでこ＋顎↓頬……というように交互に1ポジションゆっくり数えて3秒は顔を包み込むように手で覆いましょう。

4. 感覚を感じる

化粧水をつけた時の感覚を感じてください。「ひんやり冷たい」なのか「気持ちいい」なのか「ふ〜、やっと一人になれた」なのか。どんな声が聞こえてきても、あなた自身の声をまずは受け入れてくださいね。

感覚を磨くために、手のひらを使ってセンサーとして活用し、自分の肌の状態を感じ取ることが大切です。感覚は誰でも持っているもので、それを鍛えることで、より豊かな体験ができます。毎日自分の肌に触れることで、肌の調子が変わっていることに気づくようになります。

5. 呼吸を意識

ここで大事なのは呼吸です。手をおく時間は呼吸に合わせていきます。あえて自分の呼吸に集中し、呼吸に合わせて優しくゆっくり行いましょう。

6. 自分へのポジティブな言葉かけ

鏡を見ながら、「私、今自分にいいことをしているな〜」「今日も1日ツヤツヤな肌でいるぞ〜」など、ポジティブな言葉を自分にかけてあげましょう。しっかりと自分の顔を見て、自分自身を受け入れてくださいね。

7. 十分潤った感覚を大切に

自分の顔が「十分潤った！ 満たされた！」と感じるところまで何度も何度も化粧水をつけていきます。これは個人差がありますね。2回で潤う方もいれば、10回くらいでやっと潤う方もいます。目安は自分の感覚です。自分が「潤った！」と感じれば大丈夫。※化粧水のとろみ具合による

自分の心の状態は毎日変化していて、その日のコンディションによって化粧水の入り方や、その時の感じ方が全然違うことにも気付けるんです。

たっぷりと時間を取って自分に最高のポジティブな言葉をかけながら、ゆっくりゆっくり化粧水を染み込ませていって、これでもかというくらい潤う肌を作っていきましょう。

この仕込みがあるのとないのでは、1日の過ごし方から、肌の輝き方から、化粧ノリ、全てが変わってきます。

肌と共に、マインドがピシッと整うのです。「どんなに忙しくても、この工程だけは毎日やるようにしています」と受講生さんは実行してくれています。

何故こんなにもみなさんが実行してくれるのかは一目瞭然。この「masumi流・スキンケア法」は、自分にとっていいことしかないからです。

技術の習得より時間の確保がだいじ

先ほどお伝えしたｍａｓｕｍｉ流スキンケアですが、いつもの時間よりもたっぷり時間をかけてください。

なぜなら、自分を変えるために一番大切なのは、技術でも方法でもなく**時間の確保**だからです。

この考え方は、私が受講生さんに常にお伝えしていることでもあります。新しい技術を学んだとき、それを自分のものにするには、ただテキストを見ながら復習するだけでは不十分なんですよね。

学んだことを日常に取り入れるためには、まず実践のための時間を確保することが最優先。そうしないと、つい慣れ親しんだ「いつものメイク」に戻ってしまうんです。

これはイメージコンサルタントさんだけでなく、講座やセミナーを受けたことのある方にも共通する話です。最近は、大人になってから学び直す方も増えていますが、「ためになったな！」で終わってしまうこと、ありませんか？ せっかく学びに投資した時間とお金を活かすためには、実践の時間を取らなければ、本当に自分のものにはならないんです。


知り合いの結婚相談所の社長さんもおっしゃっていました。

「婚活をがんばりたいなら、まずは時間の確保が最初のステップだ」と。

どんな目標に対しても、最初に必要なのは「そのための時間を取る」ことなんですよね。受講生さんにも、

「朝、少しだけ早起きしてメイクの時間を確保してみてね。早起きをすることで、それ以上の価値が得られることは私が絶対保証するから！」

と伝えています。


いつもよりメイク時間を倍にするのは難しいかもしれません。でも、早起きをすることで、自分のための時間を確保することはできます。女性の朝は本当に忙しいですから、時間の使い方が大きな違いを生むんです。

エイジングと最新トレンドの関係性

私自身は10年以上前から早起きの習慣がありますが、エイジングが進むにつれて起きる時間がどんどん早くなっていきました。というのも、エイジングによってカバーしたい部分が増えると、メイクの工程が増え、それに伴って時間も必要になってくるんですよね。今では平日も休日も変わらず、朝5時には起きています。

年齢を重ねると、目元の形が変わったり、肌の質感が変わったりします。二重の幅が微妙に変化したり、目の下にたるみが出たり。こうした変化に対応するためには、メイク方法も常にアップデートする必要があります。

最新のトレンドを取り入れたからといって垢抜けるわけではありません。

例えば令和の時代に細眉が流行っていたとします。そのトレンドを一度辿ったことのある大人世代が細眉を取り入れてしまうと、「昔のアムロちゃんメイクをひきずってるね～」ってなってしまいます。

ギャルファッションやY2Kファッションが流行っているからといって、30代後半がそれを取り入れてしまうと「昔をひきずってる」イメージになりかねません。トレンドを取り入れるとしても、どの世代のトレンドを取り入れるかは注意が必要です。

自分が毎日魅力的に見えるようにメイクをすることは、私にとっての楽しみでもあり、大切なルーティンです。そのためのアップデートは欠かせません。メイクの技術やトレンドは常に変化していきますし、エイジングが進むにつれて、自分の顔立ちや肌質に合ったメイクを見直すことも必要だからです。

年齢を重ねる中で、「これまでと同じメイクではしっくりこないな」と感じる瞬間が増えていくものです。だからこそ、今の自分が魅力的に見えるメイクの研究を日々続けています。

例えば、下がった目元に対してのアイラインの角度を変えたり、使用するアイテムを肌のゆるみに合わせた質感に変えたり、肌に合うベースメイクを見直したり。

40代を超えると、半年ごとに目の形が少しずつ変わっていくといわれていま す。そんな変化にもメイクで対応できるんです。ふと電車の窓に映った自分の顔を見て、「あれ、こんなに老けてたっけ?・」と感じたことがある方もいるかもしれません。でも大丈夫。メイクで肌を若々しく見せたり、フレッシュな雰囲気を作ったりすることは可能です。

ただ、そのためには先ほどの節でもお話ししましたが、**「時間の確保」**が必要なんですよ。メイクは、自分を大切にする時間。そして、その積み重ねが自分をより素敵にしていくんです。だからこそ、まずは時間を確保するところから始めてみてくださいね。

私の講座では、エイジングを防ぐスキンケア方法や、エイジングを感じさせない雰囲気を纏うメイクもお悩みがある方には、お伝えしています。

エイジングを恐れて、やみくもに最新のトレンドを取り入れるだけではなく、あなたが一番輝けるアイテムやメイクを取り入れることが大切なのです。

眺めるのではなく見るもの

「眺める」と、「見る」この違い、意識したことはありますか？　まず、「眺める」と「見る」の私なりの定義をお話ししますね。

顔を眺めるというのは、無意識に、流すように、ただぼーっと見ている状態です。特に何かを考えるわけでもなく、ふと鏡を見たときに「なんとなく見ている」という感じでしょうか。

一方で、**顔を見る**というのは、意識的に、能動的に、自分の顔を点検するように見ることを指します。「どんな風に変化しているのかな？」「ここはどうしたらもっと良くなるだろう？」と考えながら、自分の顔にしっかり向き合うということです。

実際、メイクをする時、ただ「眺めているだけ」の女性が意外と多いんですよね。でも、眺めているだけでは、自分の顔の微細な変化や、必要なポイントに気づくことはできないんです。例えば、ファンデーションやアイシャドーのムラとか、眉尻の曖昧さなど。

ちょっと想像してみてください。もしあなたが工場で検品の仕事をしていると したら、流れてくる商品を眺めるだけでは済みませんよね。「傷はないかな？」「凹んでいないかな？」と、しっかり目を凝らして確認するはず。それと同じ感覚で、毎日自分の顔を「見る」ことを意識してほしいんです。

すみません、ここから少しだけハードルの高いお話をします。でも、メイク好きの皆さんならきっとついてきてくれると思います（笑）。

顔をしっかり見ながらメイクをすると、メイクが完成した後に自分の顔を「見直す」ことができるようになってきます。「リップを塗った後、ちょっと眉毛の濃さが気になるな」とか、「アイシャドウをもう少し調整した方が良さそう」といった具合に。毎日自分の顔を見ながら丁寧にメイクをしていると、少しずつ細かな変化に気づけるようになるんですよね。

このプロセスで大切なのが、メイクが完成した後に一歩引いて全体を見直す意識を持つこと。「あれ、血色がちょっと足りないかも?」「眉毛のバランスを少し調整した方がいいかな?」という気づきが、あなたのメイクをさらに引き立ててくれます。

ただ、まだ私の講座を受けたことがない方にとっては、こうした細かな気づきや調整って難しく感じるかもしれません。「そもそも全体を見ても、何が足りないのかがわからない」と思う方もいるでしょう。メイクの深い世界に触れていないと、少しマニアックに聞こえるかもしれませんね(笑)。

でも、安心してください。最初から完璧にする必要はありません。たとえば、結婚式にお呼ばれする日や、気合いを入れたデートの日など、特別な日にメイクをする場面を想像してみてください。そんな時には、何か新しいことを取り入れるのではなく、**いつものメイクを丁寧に、時間をかけてやってみる**だけで良いんです。

例えば眉尻の先端を気にしてみる、アイラインの角度がちゃんと目の形にあっているかを見返す時間を取るだけでも違います。それだけで、いつもより格段に良い雰囲気の自分を作り出すことができますよ。

もし、この本を読んで「もっとメイクやスキンケアについて知りたい」「私も自分の美を深めてみたい」と思ってくださった方がいらっしゃったら、美を仕事にしていなくても、ぜひ私の美肌づくり講座にいらしてください。これまでとは全く違う、新しい自分に出会えることをお約束しますよ。

圧倒的オーラを放つベースづくり

人は肌の印象から、さまざまな情報を読み取るものです。近くでじっくり見られることよりも、パッと見の印象の「キレイ」が大事なんですよね。だからこそ、メイクの最初の段階で手を抜かず、しっかりと土台を作ることが重要です。面倒なことを最初にしっかり積み重ねておくと、後々メイクが崩れて面倒になることを防げます。

肌の印象を左右するのは「美肌ゾーン」、そしてその人の全体的な印象を決めるのは「目周りの明るさ」です。このゾーンが明るく整っていると、その人自身が放つ明るさや清潔感がグッと引き立ちます。また、肌からは清潔感だけでなく、その人の価値観までも伝わってきます。たとえば、「自分のことを丁寧に扱っている人なんだな」「お家もキレイそう」「仕事も丁寧にやってくれそう」「食生活もちゃんとしてそう」など、肌からさまざまなメッセージを感じることはありませんか。

これらは実際の事実とは違うかもしれませんが、肌の印象が与えるメッセージはそれくらい強いものなんです。

すっぴん派もいれば薄化粧派もいるように、「肌の見せ方」にはさまざまな概念があります。でも、どちらのスタイルであれ、透明感や美しさを引き出すには、肌を自分に合った方法で整えることが大切です。

ＳＮＳで人気のアイテムが、あなたの肌をキレイに見せてくれるとは限りません。肌質や個性によって、合うアイテムも使う方法も変わってきます。だからこそ、自分の肌の特徴を知ることが重要なんです。たとえば、マット肌が似合う人、ツヤ肌が似合う人、それぞれのタイプによって美肌に見せるための方法は異なります。

「自分の肌をキレイに見せる方法」は一人ひとり違います。受講生さんから「どこのメーカーのファンデーションを使っていますか？」とよく聞かれますが、実は「アイテム」ではなく「塗り方」が重要なんです。同じファンデーションでも、塗り方次第で見え方はまったく変わります。講座では、私がお勧めする塗り方と、自分流の塗り方を比較してみることがありますが、その違いに驚く方が多いんです。

たとえばコンシーラー。これも、効果的な使い方ができていない方が多いんですよね。適切な使い方をすれば、少量でもしっかりカバーでき、肌を美しく見せることができます。同じアイテムでも、自分の肌の個性に合わせた色やテクスチャーを選ぶことで、仕上がりが格段に変わります。

ノーファンデでコンシーラーだけで済む方もいれば、ファンデをたっぷり使った方がキレイに見える方もいます。このように、一人ひとりの肌に合わせたアプローチが必要なんです。肌の反射率が高い方はツヤ肌が似合い、反射率が低い方はマット肌が得意。自分に合った肌づくりをすることで、美肌に見せることができきるんです。ほとんどの方が、自分の肌のタイプや特性を知らないまま、人気のアイテムや流行の使い方に頼っています。

それでは、せっかくの魅力を活かしきれません。ぜひ、あなた自身の肌を見極めて、自分に合ったケアやアイテムを見つけてください。それが、美肌への近道なんです。

お金をかけるなら髪一択

突然ですが究極の選択をさせてください。
あなたが今後の人生で、次のどちらかしか選べないとしたらどうしますか?

「一生ノーメイクで髪ツヤツヤ」
「一生ボサボサ髪だけどバッチリメイク」

メイク講師である私でも**前者**を選ぶほど、髪は女性にとって命なのです。
「ヘアスタイリング剤、何使ってますか?」と聞かれることが本当に多いです。

スタイリング剤を使えば、簡単に髪が思い通りになると思われがちですが、実はその前の段階がとても大切なんです。

髪の美しさやスタイリングの完成度は、日々の意識やケアによって作られるもの。スタイリング剤はあくまで最後の仕上げに過ぎません。

髪に関して、私が毎日意識していることはたくさんあります。たとえば、洗髪後のタオルドライの仕方や、ドライヤーの使い方、ブラッシングのタイミングなど、髪を扱うときの小さな心遣いが積み重なっていくんです。それが、自然と「髪がキレイだね」「何使ってるの?」と聞かれる理由になっています。

だからこそ、講座では「どのスタイリング剤を使うか」ではなく、「どんな意識で髪をケアするか」ということを伝えたいんです。アイテムに頼るだけでなく、日々の髪への向き合い方を変えることで、あなた自身の美しさがもっと引き立つはず。これが、ヘアスタイリングだけでなく、外見全体を整える基本的な考え方なんですよ。

特に大人世代になると、髪型そのものよりも髪のコンディションが重要になってきます。若い頃は、髪質が多少悪くても、髪型のおしゃれさで素敵にみせることができます。しかし大人世代になると、毛先の傷みやパサつきがあるとそれだけで品がなく見えてしまいます。髪はその人の「清潔感」や「品」を表すものなんです。

美容院でスタイリングをお願いするとき、私は必ず第一優先で「髪の質感」を大事にしてほしいとお伝えしています。私のオーダーしたスタイリングがもし、少しでも髪を傷めてしまう可能性があるなら、そのオーダーは叶えなくていいです！とお願いしているくらいです。

もし大人世代の女性から「これから美容にお金をかけていきたいけど、どこに重点を置けばいいですか？」と聞かれたら、私は迷わず「髪にお金をかけてください」と答えます。具体的には、ドライヤー、コテ、シャンプー、トリートメントなど、毎日使うヘアケアアイテムにこそお金をかけるべきなんです。

たとえば、ヘアカラーをしているのに市販の安価なシャンプーを使うと、色が抜けやすく感じます。また、ビジネスホテルに置いてあるような洗髪剤や、ドライヤーを使うと、髪への負担は間違いなくかかってきます。それは、清潔感や印象にまで影響してくるんです。

私自身、髪のケアには惜しまず投資をしています。お気に入りのシャンプーを月に一回定期購入し、まつ毛美容液も10種類以上試しています。

毎朝必ずコテを当てて髪のキューティクルを整え、ツヤを出すことで美しいスタイルを保っています。

髪を洗った後は、アウトバストリートメントを髪全体になじませ、ドライヤーをかける前にクリーム状のトリートメントを使用して、髪のパサつきを防ぎます。このように日々のケアを積み重ねることで、清潔感と品のあるスタイルを保つことができます。

髪にかける時間とお金を惜しまないことで、自分自身の価値をさらに高めることができます。ヘアケアは単なる美容の一部ではなく、その人のライフスタイルや心の豊かさまでも反映する大切な要素なんです。

ジブン史上最高のイイ女を自分に見せてね

受講後に、受講生さんから「人生が変わりました」といった言葉を聞くたびに、この仕事を続けてきて良かったなぁ～としみじみ嬉しくなります。

つい最近も、マンツーマンレッスンを受けられた方から、素敵なエピソードを伺いました。その方が私のレッスンで特に印象に残っていた言葉は、

「ジブン史上最高のイイ女を自分に見せてね」

というものでした。この言葉を生活にも落とし込み、実践してから彼女の毎日は大きく変わったそうです。

「聞いてください、推しと同じマンションだったんですよ！」

彼女の声は嬉しさで弾んでいました。これまでコンビニに行く程度ならノーメイクで出かけていた彼女ですが、私からメイクとマインドを学んだ後は、どん

なときでも**ジブン史上最高**の自分を心がけるようになったそうです。

ある日、自分のマンションのエレベーターで推しとばったり出会い、自信を持って「ファンです！」と伝えることができたのだとか。彼女はこう言ってくれました。

「ｍａｓｕｍｉ先生の『**常にジブン史上最高の私を自分に見せる**』という言葉のお陰です」

もしその日彼女がすっぴんだったら、気後れして推しに話しかけられなかったかもしれません。けれど、「いつ誰に会っても最高の自分でいる」という心構えが、今回のような推しに会えるというラッキーな現象を引き寄せたのでしょう。

振り返れば、私自身もどんな日でも手を抜かずに外見を整えてきたことで、さまざまなラッキーな経験をしてきました。そんな体験を受講生さんにも味わってもらえたことが、私にとってすごく嬉しい出来事でした。

こうした体験を通じて、単なるテクニック以上に「マインド」の大切さを実感します。外見を整えることだけではなく、心を整えることで、自分自身の行動や態度が変わり、それが人生に素晴らしい出来事を引き寄せるきっかけになるのだと感じます。

『誰と比べる訳じゃなく、常にジブン史上最高の私を自分に見せる』

この言葉を心に留めておくと、自信を持った行動ができるようになります。推しにだって会えるチャンスを引き寄せてしまうのですから！

こういった、みなさんを幸せにする美容マインドを伝えられることが、私にとっても大きな喜びであり、私が美容コーチとして活動する意味だと実感しています。

清潔と清潔感の違い

「清潔」は自分が決めること、「清潔感」は相手が決めることです。

「清潔」とは、自分が行う行動を指します。たとえば、毎日お風呂に入ることや、服を洗濯することなど、自分自身を清潔に保つ行為そのものです。

一方で、「清潔感」というのは、相手があなたを見たときに感じる印象なんです。私の講座では、メイクや美容についてお伝えしていますが、その前提として「清潔感」を大切にすることを必ずお話しししています。

「清潔と清潔感は違う」

この違いを理解して意識するだけで、見た目の印象がぐっと変わるんです。

清潔感を語るうえで欠かせないのが「毛」のお話です。髪の毛、眉毛、髭、ムダ毛、さらには爪の手入れまで。こういう細かい部分のケアが、清潔感に大きな影響を与えるんです。

たとえば、髪の毛先がパサパサだと、どんなにメイクがきれいでも清潔感が損なわれてしまいますよね。一方で、手入れが行き届いた髪型だと、全体の印象がキリッと引き締まって清潔感が高まります。

私の講座では、**「ヘアスタイルと髪質が8割」**という言葉をよく使うんですけど、それくらい髪の手入れは大切なんですよ。また、眉毛も顔全体の印象を左右する大事なパーツ。整った眉毛があるだけで、顔全体がぐっと引き締まって見えるんです。

それから、服装にも気を配ることが必要なんです。たとえば、白いシャツの下に黒いヒートテックを着ていたり、白いパンツに色物の下着を合わせていたりしませんか？　もしそれがちらりと見えると、「細かいところまで気を遣っていない人なんだな」と思われてしまうかもしれません。

実際、出張の時は私は必ずスチームアイロンを持ち歩いています。この話を受講生さんにお話しすると、「私も持ち歩いてみます！」と実行する方も。こういう小さな積み重ねが清潔感を作る鍵なんですよね。清潔感を保つためには、髪の毛先の手入れや爪の形、服のシワ取りなど、細やかな配慮が大切なんです。

たとえば、接客業や営業職の方だと、靴の手入れやシャツのアイロンがけといった小さなケアが、お客さまに良い印象を与えることにつながるんですよ。

ここで少し、私の息子と娘のお話をさせてください。

同じ家庭で育ったのに、「清潔」と「清潔感」に対する価値観が全然違うんです。

息子はとっても几帳面で清潔にしています。1日に何度もシャワーを浴びたり、部屋をピカピカに片付けたり。でも、美容院にはあまり行かないし、眉毛や髭もそのまま。だから外見からは清潔感が伝わらないことがあるんです。

一方で、娘は部屋の片付けが苦手で、どちらかというと散らかりがち。でも、美容やおしゃれに興味があって、外見にはしっかり気を配っています。だから周りの人からは「清潔感のある女性」と見られることが多いんですよね。

このエピソードをお話しすると、受講生さんたちは「なるほど！」と納得してくださるんです。清潔と清潔感の違いを理解して、相手の目線を意識することで、あなたの印象は本当に良い方向に変わっていきますよ。

清潔感というのは、自分自身の見た目だけではなく、相手にどう映るかを考えることで生まれるものです。

「清潔は自分のため、清潔感は相手のため」という意識を持つことで、見た目に対するケアが自然と習慣になっていきますよね。清潔感を意識することで、周囲からの印象がグンと良くなり、自分の魅力をより効果的に伝えられるようになるんです。

日々のケアを通じて清潔感を高めることは、単なる自己満足ではなく、相手への思いやりでもあるんですよ。この小さな積み重ねが、あなたを「また会いたい」と思われる存在に変えていきます。ぜひ今日から意識してみてくださいね。

我慢しない食のマインド

「ｍａｓｕｍｉ先生の食生活を聞いて、なんか安心しました」と受講生さんたちから言われることがよくあります。

なぜか美容家やカリスマメイク講師のイメージって、「コンビニ食は食べない」「食品添加物摂らない」「ファストフードは言語道断」「むしろビーガン」みたいなイメージなんですね。

美しすぎる美容家・石井美保さんも「美人の食習慣」７つのルールを守っているそうです。

美容コーチｍａｓｕｍｉは食生活、かなりズボラです（笑）

好きなときに、好きなものを、好きなだけ食べる

これが私の食のマインドです。

マクドナルドやケンタッキーも大好きですし、コンビニご飯だって普通に食べます。深夜にお腹が空くとスナック菓子も平気で食べます。

自宅サロンでの講座ではお昼ごはんは受講生さんとサロンで食べるのですが、ほとんどコンビニで買ってきたものです。

「コンビニ食とか食べるんですか!?」と何度驚かれたことか。どうやら家で漬けたピクルスなどを食べているイメージだったようです（笑）

小学校3年からの親友からは「ただの大食い」と言われました（爆）。出張先では美味しい焼き鳥やさんを検索し、一人カウンターで隣のおじちゃんと飲んでます。（私はウーロン茶）

好きな食べ物はナッツ類やチーズ。あとはお酒を飲まないのに何故か「するめ」が好きです。たまたま小さい頃から小麦粉と砂糖が苦手で、ケーキ、お菓子はあまり食べてきませんでした。今でこそ、グルテンフリーとか言われるようになってきまして、時代が私についてきたようです（笑）

お米や麺類は元々あまり食べないのですが、お肉・お魚・お野菜は大好きです。

朝ご飯はカフェラテとナッツというシンプルな食事です。

美容を教える立場になり、受講生さんに食生活のことを聞かれることも増え、最初の方は「美容講師なのに全然食に気を遣ってないけど、大丈夫かな」と、少しだけ気にしていました。

子を持つ母としても夕飯がマックの日だって全然ありますし、家族に「今日はバーミアン集合ね！」と号令をかけたこともあります。

ファストフードも罪悪感を持って食べるより、「たまにはイイよね！美味しい～！」とご機嫌に食べることで、自然と身体に良いものになっているんじゃないかな、と思っています。

CHAPTER

4

自由気ままに妻・母を楽しむ

ポンコツであれ

私はメイクや美容に関しては自信がありますが、それ以外のことになると全くのポンコツなんです（笑）。旅行のプランを立てるのは苦手で、交通機関の調べ方も下手くそ。例えば、横浜のデパートに車で行ったのに、その車を置いて電車で帰ってしまったことがありました。旅行の計画もうまくいかず、予定通りに進まないこともしばしばです。

家庭でも娘に「ママ、脳死状態で人の話聞いてるでしょ？（笑）」なんて突っ込まれることもあります。料理だって、ほとんどやりません。「美味しいものは誰かが作ってくれるのを待つ」くらいのスタンスで、料理の才能なんてものは全くありません。私のアンテナは美容やファッションに特化していて、それ以外の分野にはほとんど反応しないんですよね。

そんな私ですが、自由気ままに妻を楽しみ、母を楽しんできました。結婚当初は「妻だから」「母だから」と思って「ちゃんとしなくちゃ」とがんばっていましたが、ある瞬間からその考えを捨てました。無理に背伸びするよりも、できないことはできないと割り切ったほうが、周りも自分も楽だと気づいたんです。

お姑さんにも「ポンコツ嫁」と思われていたと思います。でも、不思議と関係は良好でした。きっと、無理をせずにありのままの自分でいる姿が、逆に受け入れられたのかもしれません。この章では、そんな私がどんな妻で、どんな母なのかを赤裸々にお伝えしますね。完璧じゃなくても、楽しむことを大切にしてきた私のスタンスで、誰かの心を少しでも軽くできれば嬉しいです。

10年間のパラダイス専業主婦生活

美容業界に入って10年ほど経つのですが、実はこの業界に入ったのは40歳手前なんです。それまでは10年間、専業主婦をしていました。共働きが当たり前になっている現代、専業主婦というと、なんだかネガティブなイメージがつきまとっていませんか。

たとえば、「家に縛り付けられて、社会との関係が隔絶される」とか、「子育てノイローゼになる」とか、「私は外に出たいから専業主婦は絶対無理！」なんて声をよく聞きます。専業主婦経験者の中には「子どもが小さいときは記憶がなかった」とか、「髪を振り乱して自分は後回しだった」なんて話をする方もいますよね。

でも、私は断言します。10年間の専業主婦生活は、間違いなくパラダイスでした。子育ては初めてのことばかりで楽しくて、近所のママ友と子連れで食事会をしたり、家族ぐるみで旅行に行ったり。

家事は全然できなかったので（笑）、夫やお姑さんにサポートしていただきました。メイクやおしゃれが大好きな専業主婦として、毎日が楽しかったです。

だから、エステの仕事に出るようになったきっかけも本当に些細なことでした。子どもが小学校に上がって落ち着いたからというのもありますが、一番の理由は、仲の良いママ友たちがみんな働き始めてしまい、私だけ遊ぶ相手がいなくなったからなんです（笑）。もしママ友が一人でも残っていたら、きっと働きに出なかったと思います。

元々私は、置かれた環境を全力で楽しむ性格なんだと思います。幼少期に複雑な環境で育ったからこそ、子育てもどうせなら楽しもうと思っていました。叔母さんや祖父母からもらった愛情を、今度は自分の子どもに注ぐことが本当に幸せだったんです。

なにかに興味が湧いて新しく始めたことはたくさんありますが、現状を変えようとして、なにかを始めたことはないんです。全部その時の波に乗って、ここまで来たという感じで、ただ流れに乗っただけだったんです。

昔からの友達からは、「専業主婦時代からみると、今のますみって、人生がガラッと変わったよね」と言われます。でも、私からすると、ただいろんな人のお誘いや流れに従った結果、いつの間にかこうなっていたという感覚なんです。

目標やゴールを立てて努力してきた、というよりも、「好き」「こっちのほうが心地いい」という自分の感覚に従った結果、人生が展開していったんですよね。どちらが良いとか悪いとかではなく、私はずっと自由気ままに人生を楽しむスタンスで生きています。

パートナーとの家事比率が0：10になるまでのロードマップ

パートナーがいる方に質問です。お互いが仕事をしている今の時代、家事の分担はどれくらいですか？

主婦の受講生さんたちにこの質問をすると、大抵の場合「私のほうが多いです」という答えが返ってきます。専業主婦だったころの私も同じ状況でした。

ただ、その時から私は疑問を持っていました。

「どうして働いていない女性は、夫よりも多く家事をしなくちゃいけないの？」と。

世間には「共働きでも女性の方が家事をする」「働いている時間が短い方が家事をする」「女性だから家事をする」という暗黙の了解がありますよね。でも、そんな時代はもう終わりにしていいんじゃないでしょうか。

私は、男性性と女性性についても学んできました。そこで分かったのは、男性にとって「パートナーの役に立つ」ことが実はとても大切だということです。女性からすると少しピンとこないかもしれませんね。

得意じゃない家事は夫に任せちゃおうと決めました。

たとえば、電球が切れたとき、私は夫が帰宅するまで自分で交換せずに待っていました。真っ暗な部屋で夫を待つ私は、幽霊に見えたかもしれません（笑）。

リモコンの電池が切れてもそのまま放置。夫が帰宅した後で対応してもらうというスタンスを取っていました。今でも、スニーカーをお風呂場に置いておけば、夫が洗ってくれるんです。服のボタンが取れたら、まず夫にお願いする、という具合です。

こうして「できない」ことを少しずつ手放していった結果、家事の分担比率は最初の私8：夫2から、5：5になり、やがて4：6に。そして最終的には0：10になりました。この話をすると受講生の皆さんから、

「どうやったらそんな素敵な旦那さまを見つけられるんですか!?」

とよく驚かれるのですが、最初から0：10だったわけではありません。ただ、

「○○してくれたからすごく助かった！」「○○してくれてすごく嬉しい〜！」と素直に伝えていただけです。

「パートナーの役に立ちたい」という気持ちで、自然に動いてくれていたんじゃないかな〜と思います。この本を読んで「よし！今日から私、何もしなーい！」と放り投げるのは違いますよ！最後に0：10になったのは、私が働き始めてからのことです。

その頃の私は「仕事が楽しくて仕方がない！」という姿を夫に見せていました。そして、夫がしてくれたことに対して「ありがとう」を毎日必ず伝えるようにしていたら、夫が自然に家事をしてくれるようになったんです。こちらから「家事をやって！」と指示したことは一度もありません。

私は、家事が何にもできないけれど、いつもキレイな姿でいることと、夫に感謝の気持ちを伝えること。妻としての務めはそれだけでいいんじゃないかなと勝手に思っています（笑）。

子どもにとっての自慢のママでいる

私は日々の中で、娘や息子、そして周りの人々とのやり取りから、子どもたちが私に対してどう感じているのか、気づくきっかけをもらっています。

娘が高校三年生のとき、ちょうど用事で横浜駅にいた私に「今友達と横浜駅のスタバにいるんだけど来る？」と誘ってくれて、娘とその友達5人に交じって2時間ほどおしゃべりを楽しんだことがあります。

「好きなものを飲んでね」と声をかけながら、内心では「も〜、この子はママをお財布変わりにして〜」なんて思いましたが（笑）、それでも高校生の娘が、母を友達に会わせたいと思ってくれたのは嬉しいことでした。

当時中学生だった息子が、参観日に私を見かけると、「おー！」と元気よく声をかけてくれたり、体育祭の時に、「今、友達と学食にいるけど来る？」と誘われたことも。

多感な時期にもかかわらず、友達の前で堂々と接してくれるのは、「キレイなママ」でいることを心がけているおかげかもしれません。

ここでいう「キレイ」とは、目鼻立ちの美しさではなく、外見を整え、清潔感を保つという意味です。

ある秋の日、ライダースジャケットを羽織って娘の参観会に出かけたら、娘の同級生から「○○ちゃん（娘の名前）、ママ、すごくおしゃれだね」と言われたこともありました。

隣のクラスのママが私について「ママって何の仕事をしているの？」と私と親しいママ友に尋ねたり、「ママの美容法が知りたい」と聞かれたりします。

受講生さんにも「外見のコンサルタントをしているなら、何の仕事をしているか聞かれる人になってね」とお伝えしています。ママ友だけではなく、デパートの化粧品販売員さんや、アパレルショップの店員さんなどからも、ある時から聞かれるようになりました。そういった経験を重ねると。美を仕事にしている雰囲気を纏えているという自信が積み上がっていきます。

子どもの体育祭では、紫外線対策のために農作業並みの完全防備で参加します。肌が一切見えないその格好は悪目立ちしているかもしれませんが、私は全く気にしません。それどころか、肌が一切出ていないのに、私だとバレます（笑）。ママたちの中で、そんなすごい格好をしているのは私くらいですからね。

三者面談の際には、息子の担任の若い女性教師から「○○くん（息子の名前）のママが来ると聞いて、ちょっと気合いを入れて服を選びました」と言われたこともありました。

私の存在によって、周りの人たちの美意識が少しでも高まることに、とても嬉しさを感じます。子どもたちに誇れるママであろうと意識したことはないのですが、結果的にそうなっているのは、たとえ子どもに関するイベントに行く時も、ジブン史上最高の私を意識し、その場所に合った雰囲気を演出したり、自分が好きなファッションやメイクを貫いてきただけなのかもしれません。

白旗のすゝめ

私のことをよく知るママ友たちからは、「ますみって本当何もできないよね〜」と言われます。

本当に私はママとしては落ちこぼれで、なんにもできません（笑）。でも周りからは笑って許してもらえています。なんにもできなくても受け入れてもらえるコツは「すぐに白旗を上げる」ことです。

パンやお菓子なんて作れないので、料理が得意な友達の家に娘を送り込んでは「作り方教えてもらってママに食べさせて」とお願いしています。料理ができない代わりに「メイクは教えるよ！」と言っています。

昔は「母だから料理くらいできなきゃいけないのに……」とコンプレックスを感じていました。でもメイクの仕事が軌道に乗り始めたとき、「料理が苦手でもいいんだ」って気持ちが救われたように感じました。

そこからは、家事においてもすぐに白旗を上げるようになりました。「ごめん。できない！」と家の中でもすぐに言うようになったんです。

主婦の受講生さんにも「ちゃんとしなきゃママ」が多いです。でも、ちゃんとしてなくても全然いいんです。ママとしては落ちこぼれでもいい。その代わり、誰にも負けない、なにかを作ればいいんです。私にとってそれが美容やメイクの仕事でした。

お姑さんはもう亡くなってしまいましたが、20年間、とても良い関係を築けていました。それは結婚当初から「できない」を素直に伝えていたからだと思います。たとえば、「お米研げるの？」と聞かれたとき、「ネイルが取れたら嫌なので研げません！」と答えました。お姑さんからすると、田舎出身でしっかりした女性が多い中、私はメイクも髪も染めている、ちょっと宇宙人のような嫁だったと思います。

最初は少しがんばって「何かお手伝いしましょうか？」と聞いていたんですけど、「野菜の皮剥ける？」と聞かれて「できません」と答えました。その結果、「じゃあ、あなたは座ってなさい」と言われ、それから20年間、夫の実家では一切手伝わず、お姑さんのおしゃべり相手として座っているだけになりました。

でも不思議と居心地が悪いわけではなくて、お姑さんの会話をニコニコと聞き、「そうなんですね～！」と相槌を打つだけでした。今思えば、お姑さんは家事を手伝ってほしいのではなく、話し相手がほしかったんだと思います。家事はできなくても、相手の話を興味を持って聞くことならいくらでもできますよね。

「できないことを手放す」、これが意外と難しい女性が多いのですが、思い切って手放してみると、恐れていたようなことは案外起こらないものです。

家事ができない私でも、すぐに白旗をあげたことで、20年間お姑さんと良好な関係を築けた。このエピソードが、そのことを物語っているんじゃないでしょうか。

自分の苦手を認めて白旗をあげて、その代わり得意なことを活かして楽しく生きていきましょう♫

「良いお母さん」も手放した

「私、明日から良いお母さんやるの、やーめよっと！」
そう思ったのは、下の息子が中学1年生のときです。それまでは、周りのママ友が当たり前のようにしているお菓子作り、ＰＴＡ活動にも積極的に参加してきました。約10年近く、「良いお母さん」でいようとがんばってきたと思います。

あるときふっと、「もう良いお母さんでいなくてていいかも」と思ったんです。

きっかけは、息子の「お弁当」でした。私はずっと毎日苦手なお弁当作りをしてきましたが、普通のお母さんより何倍も時間がかかっていました。そのため、自分のメイク時間が思うように取れず、毎朝イライラしてしまっていたのです。

しかしある時、「もしかして毎日作るお弁当は子どものためではなく、自分のために作っているんじゃ？」と気づきました。

正確には、先生や周りの人から「ちゃんとしている、良いお母さん」と思われたいという見栄のために作っていたんじゃないかなって。そんな自分に気づいた瞬間、肩の力が抜けました。

「ごめん、今後お弁当作れないからこれでご飯食べてね」と、お弁当の代わりにお金を渡してみると、意外に大丈夫でした。

中学校ではお弁当が買えるし、高校には学食があります。手放してみると意外になんとかなるんだなと思いましたね。

「自分の大切なもののために良いお母さんをやめる」という決断は、私にとって大きな転機でした。

それまでの私は、「お母さんだからこうあるべき」「妻としてこうしなければ」という見栄に囚われていました。見栄を手放し、空いた時間を自分が本当に大切にしたい、メイクと美容の時間にあてることができました。

私にはメイクや美容があるからこそ、自分らしくいられる。だから、他のことを諦めてもいいと思えるようになったんです。自分の好きなことに突き進むことによって、おうちの中でご機嫌でいられる方をとったという感じです。

家事を手放した母を見て、息子や娘たちも「ま、お母さん楽しそうだからいいんじゃない?」と言ってくれています。

出張で県外に飛び回っていた時期に息子に聞いてみたことがあるんです。

「ママがあちこち出張いくの、どう思ってる?」

すると、意外な答えが返ってきました。

「いろんな場所に飛び回るお母さんは、なんか芸能人みたいでかっこいいからいいんじゃない?」

ほっとしたと同時に、息子から「かっこいいお母さん」だと思ってもらえていたことに嬉しさも感じました。

わがままで自己中に生きている母に、家族はきっと振り回されてきたと思いますが、家事を手放して毎日楽しそうに生きている姿を見せ続け、「いつもありがとう」と感謝を伝えています。

お母さんが楽しそうにしていると、きっと家庭は明るくなるのかな、と都合よく捉えています（笑）

私の誕生日当日に、ベットの上に娘からの手紙が置いてありました。

「家事ばっかりで家にいるお母さんより、いつまでも夢とか目標を持って行動力がハンパないママの方が私は素敵だなって思ってるよ」と書いてあり、一人で涙が止まらなかったのを覚えています。どこかで「悪いな」って気持ちもあったからこそ、嬉しかったんですよね。

良いお母さんを手放すって、かなり勇気のいることだとは思います。でも、意外に手放しても恐れていたことは、なにも起こらないものです。

Dear ママへ

お誕生日おめでとう!!

そしていつもありがとう!!

何でか分からないけど、私の中でママの年齢は36歳でとまってるんだよねー。不思議です。

その年より10歳も過ぎてるけど、ママは今でも仕事バリバリだし、やりたいこと的には「さあこれから!」って感じなのかな。人によって違うから周りを否定するわけじゃないけど。家事ばっかりで家にいるお母さんより、いつまでも夢とか目標を持って行動力がハンパないママの方が、私は素敵だなって思ってるよ。ママのお陰でメイクに興味持てたし、本意じゃないかも知れないけど、そうゆうことを学べる場所に進学したいと思っています。

ママの仕事に対する熱意もリスペクトだけど、料理も大好きだからたまには作って下さいー!自分で作れよっていうのは重々承知なのですけど。パパのは美味しいけど濃いし、なんか違う気がする(笑)

ママが作るもので好きなのはーアクアパッツァとかぼちゃスープかなーめっちゃ好き。旬になったら是非お願いします(笑)大会はラストだけど部活も。勉強も(現文だけは来年ガチって一般で受ける人に勝ちたい)

お手伝い?片付け?も頑張ります。

ママも、本当に体調だけには気を付けて後悔しないように頑張って下さい。応援しています。大好き!!

From 娘より

※誕生日にもらった娘からの大切な手紙

CHAPTER

5

接客に活かせるmasumiマインド

技術より心の在り方

講座の中で口酸っぱくお伝えしていること。それは、**「美容で大切なのは技術そのものではなく、心の在り方（マインド）」**ということです。

これは美容に限らず、接客業や技術を提供するお仕事、コーチ・コンサルタント、講師業の方にも共通するとても大事なこと。

メイクはただの作業ではなく、自分を愛するための大切な工程なんです。メイクレッスンでも、このマインド部分をお客さまにお話しし、「まずは自分を大切にしてください」と伝えています。ただメイクの技術を伝えるだけではなく、その背景にある心の在り方を伝えることで、お客さまは、表情まで明るくなっていくんです。

今の時代、技術自体は簡単に学べます。ＹｏｕＴｕｂｅやＳＮＳにはたくさんの情報があふれていて、ちょっと検索するだけでいろんな情報が手に入りますよね。でも情報を得ただけでは、本当の変化や成長には繋がりにくいんです。なぜなら、お客さまに伝わるのは技術ではなく、施術する人の「心の在り方」や「実体験」だからです。

お客さまへのメイクレッスンを始める前に、masumi流・スキンケアの時間を取ることや、お客さまへの言葉のかけ方ひとつでも、メイクの仕上がりや満足感がガラッと変わるんです。

「技術は忘れるけど、感動は忘れない」ということを、受講生さんにもお伝えしています。

技術を教える前に私がなにをしているかというと、お客さまのマインドに魔法をかけるのです。これまでスキンケア法やメイク方法を教える仕事で感じてきたのは、お客さまに、どんなに高いメイク技法をお伝えしたとしても、マインドが整っていないと、本当の意味で変化を感じていただけないんです。お客さまは感動していただけると、自ずと美しくなっていく。その大切さを日々実感しています。

自分自身のマインドを整えると、接客そのものが変わります。

たとえば、「毎日同じことの繰り返しで飽きてしまった」と感じていた人が、心の持ちようを変えるだけで「接客が楽しくなった」と言ってくれたり。

あるいは、「こんな言葉をかけてみよう」「こう話してみよう」と新しいアイデアが浮かんで、次の日の予約が待ち遠しくなった、という受講生さんもいました。


苦手なお客さまに対しても同じです。お客さまに対して「なんか合わないな、苦手だな～」と感じていた受講生さん。

私の講座を受講後、自分自身のマインドを整えたことで、不思議とそのお客さまへの苦手意識が消えたそうです。


その受講生さんは私の講座を受け、毎日ジブン時間を取るようにして、ｍａｓｕｍｉ式スキンケアを自分に施し、まずは自分自身を整えたそうです。その2週間後に、

「まさか、あの苦手だったお客さまを好きになれるなんて思わなかった」

という気づきをこっそり打ち明けてくださいました。

自分に余裕がない時は、相手にも寛容になれないものです。しかし、今のジブンを認めて、大事に扱うことで、心の在り方も変わってくるんですね。

本書を読んでくださっているあなたが、なにか技術を提供するお仕事や、知識を教える立場にある方なら、「マインド面」でお客さまとどう向き合っているかを、ぜひ考えてみてください。お客さまとの絆は作れていますか？

ただ技術や知識を伝える、提供するだけではなく、お客さまと心で繋がることで、もっと大きな価値を届けられると思います。

お客さまに選び続けていただくために大切なのは、技術よりも「マインド」です。

カウンセリングシートに書かれていないことに気づく力

講座で私が何度もお伝えしていることがあります。

それは、「事前のカウンセリングが、なによりも大切」ということです。メイクや美容のご提案をする際に、お客さまが何を望んでいるのかを理解することは、基本中の基本ですよね。

でも実は、お客さまの本当の願いって、カウンセリングシートに書かれていることだけでは分からないことがほとんどなんです。

カウンセリングシートには、お客さまご自身が自覚している悩みや希望が記されています。「肌のトーンを明るくしたい」とか、「小顔に見せたい」といった表面的な希望が多いんですよね。でも、私が目指しているのは、その一歩先なんです。

本当はなにに困っているのか、何を求めているのか。それはお客さまご自身でも、はっきりと言葉にできていない場合があります。

あるお客さまが「メイクで華やかな印象にみせたい」とおっしゃったことがありました。カウンセリングシートにもそのように書かれていましたし、実際にお話しされていたのも同じ内容でした。

しかし、話を進めていく中で気づいたんです。その方が本当に悩んでいたのは、「自分には華やかさなんて似合わない」という思い込みだったんです。

人前で目立つことに自信が持てないという気持ちが、言葉の裏側に隠れていました。でも、それをそのまま口にするのではなく、「華やかにみせたい」と少し遠回しな表現で伝えてくださっていたんですよね。

その瞬間、「この方が本当に求めているのは、ただの華やかさじゃないな」と感じました。

本当に必要としていたのは、華やかに見えるメイクではなく、そのメイクを「自分に似合う」と感じられる自己肯定感を上げるためのサポートだったんです。

そこで、メイクのご提案だけに留まらず、自分をポジティブに捉える方法や、自分らしさを活かしたメイクの楽しみ方をお伝えしました。その結果、お客さまは「華やかに見える自分」をメイクで作れるようになっただけでなく、自分に自信が持てるようになったのです。

お客さまの本心は、表情や態度、時には言葉の裏側に隠れています。それを見つけるには、カウンセリングシートに頼るだけではなく、じっくりとお話をうかがいながら、相手の心に寄り添うことが欠かせないと思っています。

そして何より、「あなたの言葉を真剣に受け止めていますよ」という姿勢を見せることが、とても大切なんです。

そうすることで、お客さまご自身も本当の気持ちに気づいて、それを私に打ち明けてくださる瞬間が訪れるんですよね。

「カウンセリングシートに書かれていないことを読む」

これは単なる技術ではなく、お客さまとの信頼関係を築くために大事なことです。

その奥にある本当の願いを理解し、それを形にすること。それができた時、お客さまとあなたの絆はより深いものになるのです。

「大好き！ 大好き！ 大好き！」の呪文

いくらお客さまといえど、相手も同じ人間ですから、合う合わないがあるのは当然ですよね。だけど私は、どんなお客さまに対してもまず「大好き！大好き！大好き！」と心の中で唱えることをルールにしているんです。

この話を講座でお伝えする時、ある受講生さんの目を見ながらデモンストレーションをしてみたんです。そしたら、その受講生さん、泣いてしまったんですよ。それくらい、「大好き！」にはものすごい破壊力があるんだなと改めて感じました。

実際に「大好き！」と自分に言い聞かせると、不思議と苦手だと思っていた方にも自然と愛情が湧いてくるんです。そしてその方のことをもっと知りたいという気持ちが生まれます。まるで自分に暗示をかけるようなものですね。そうすると接し方や掘り下げ方も変わってきます。

たとえば、カウンセリングシートで「お悩みはありますか？」の項目に「アイシャドウの塗り方」や「アイラインの描き方」と書かれていたとしますよね。もしお客さまに興味を持っていなかったら、「ああ、そうなんですね」とその場で終わってしまうかもしれません。

でも、接客の前に「大好き！大好き！大好き！」という呪文を唱えておくと、自然とその方に興味が湧いてきて、もっと深く知りたいと思うんです。だから「その時どう感じましたか？」とか「そのあとどうなりましたか？」「なぜそう思ったんですか？」といった言葉が、自然と出てくるんですよ。

今思えば、これって「前提を変える」ということなんですよね。相手を大好きになって興味を持てば、難しいテクニックなんて必要ないんです。自然と相手に関心を持ち、もっと知りたいという気持ちが湧いてきます。

逆に、自分が「この人苦手だな」と思っていたら、相手もそれを感じ取ります。

でも、「大好き！」に切り替えれば、不思議と相手も自分を好きになってくれるんですよね。そうなると仕事もしやすくなるし、接客自体が楽しくなります。

この「大好き！」という魔法の言葉は、接客業において根本的に大事なことだと思っています。ぜひ、接客業の方は試してみてくださいね。

自分の姿がお客さまへの最初のプレゼント

私が大切にしている考え方のひとつに、**「自分の姿はお客さまへの最初のプレゼント」**というものがあります。

なにかを買うときやサービスを受けるとき、「魅力的な人から話を聞きたい！」って思いませんか。たとえば、美容液なら肌がキレイな人から、ダイエット食品ならスタイルが良い人から、コスメならメイクが上手な人から買いたいと思うものです。

この考え方は、その職業の専門家としての期待感を相手に抱いてもらうことでもあるんです。そのために、自分の外見を整えることが、お客さまへの最初の心遣いだと考えています。

特に接客業の方には、意識してほしいキーワードとして、**「は・か・し」**をお伝えしています。これは、**肌ツヤ（は）**、**髪ツヤ（か）**、**姿勢（し）**の頭文字を取ったものです。どんなに整った顔立ちでも、肌や髪のお手入れが不十分で姿勢が悪いと、魅力は半減してしまいます。

お客さまへのプレゼントは「姿」だけではありません。あなたが発する「声」もプレゼントになるって知っていましたか。

人から言われてすごく嬉しかったことがあります。

「ますみさんの声は、一音一音、まるで油膜が張られているような声ですね」なんて素敵な表現なんだろうと思いました。その一言で、自分の声が相手にとって心地よく届いているんだと感じることができました。

私は目の前の相手に**「耳心地の良い声」**を届けることを常に意識しています。特別に声の出し方を学んだわけではないのですが、意識するだけで驚くほど変わるんですよね。少し柔らかく、相手を包み込むようなトーンを意識するだけで、話の伝わり方や相手の受け取り方が全然違ってくるんです。

まるで声にお化粧をするような感覚です。無意識に言葉を発するのではなく、声のトーンや響き、最後の語尾にまで丁寧さを込める。そうすることで、話している内容だけでなく、声そのものが相手に癒しや安心感を届けられるようになると思っています。音って、ただの振動ではなく、感情や意図が宿るもの。だからこそ、声を意識することで、相手とのコミュニケーションがもっと豊かで心地よいものになるんです。

笑顔についても触れておきたいと思います。接客業では「笑顔が大事」とよく言われますよね。でも、実は「自分が笑顔を作っているつもり」では不十分なんです。相手から「これは笑顔だ」と**認識されること**が本当に大事なんです。

このことに気づいたのは、証明写真を撮りに行ったときのことでした。自分では最高の笑顔を作っているつもりだったのに、カメラマンから「もっと笑顔で！」と言われたんです。その瞬間、ハッとしました。「自分では笑顔のつもりでも、相手に伝わっていないのかもしれない」と気づいたんです。

それ以来、表情筋を鍛えることにしました。掃除機をかけている間や洗濯物を干している間だけでも、満面の笑みを作るようにしたんです。最初は引きつった笑顔だったんですが、続けているうちにだんだん自然な笑顔になり、全然疲れなくなりました。「愛想笑いは最高のサービス」という言葉がありますが、まさにその通りだと思います。

さらに、笑顔の筋トレをしていると、面倒だった家事が楽しくなってきたんです。口角が上がっていることで、脳が「楽しい」と錯覚を起こしたんですね。後に脳科学で「脳は、だまされやすい」と学び、「ああ、私これを実践してたんだ」と思わず笑ってしまいました。

作り笑いでもいいんです。相手に「この人は笑顔だ」と認識してもらえることが、なにより大事なんです。相手がつられて笑顔になったら、それは成功した証拠。ぜひ、試してみてくださいね!

お客さまのトーンに合わせる

お客さまのトーンに合わせることも、大切なおもてなしのひとつだと思うんです。たとえば、元気で明るい雰囲気のお客さまにはこちらも明るく元気に、静かで落ち着いた雰囲気のお客さまには穏やかに優しいトーンで接すると、自然と会話が弾むことが多いんですよね。

講座では、三つのキャラクターを例に挙げて、受講生さんに「どの私から接客を受けたいと思いますか?」とお聞きしています。

①目を見ながらニコニコと愛嬌良く、大きなジェスチャーでヒアリングする。
②目を見ながら、穏やかに優しく、頷きながらヒアリングする。
③お客様の目を見ず、下を向いて必死にメモを取りながら、無表情でヒアリングする。

①を選ばれる方が多いのですが、中には②や③を選ぶ方もいらっしゃるんです。この質問を通じて、私はいつも受講生さんに「正解は全部です! みんなが自分と同じ価値観とは限らないんですよ」ってお伝えしています。

実は、私もエステのお仕事をしていたときに、失敗したことがあるんです。どんなお客さまに対しても①の対応がベストだと思い込んでいたんですね。元気いっぱいにテンションを上げて盛り上げようとがんばるんですけど、ローギアで静かな雰囲気のお客さまだと、全然噛み合わなくて……。お客さまが落ち着いている分、私のテンションが空回りして、後でどっと疲れてしまったことが何度もありました。

この経験を通じて、「お客さまのトーンに合わせることが本当に大事なんだな」って学んだんですよ。それ以来、相手の方の雰囲気やトーンを見ながら、こちらも自然と合わせるように心がけています。そのおかげで、以前よりずっと接客がスムーズになったんです。

メイクはエンターテイメント

メイクはただの技術ではなく、エンターテイメントなんです。お客さまが感動するのは、お仕上げの瞬間だけではなく、その過程にも「わあ！」という感動をどれだけ積み重ねられるかが、トータルの満足感に繋がると思っています。

特に最後の仕上げ方には、こだわりを持っています。最後のハイライトを入れる際に、ケープをつけたまま完成させる方も多いですが、私はちょっと工夫をしています。

「お仕上げのハイライトを入れる前にケープを取りますね」と、お声がけしてからケープを外し、髪留めを外して、髪をふわっと整えます。その後で、ハイライトを入れるんです。この一手間で、「わあ！ 完成した！」という達成感が、お客さまの中で一層強くなるんです。

最後までエンターテイメントを届ける姿勢を、受講生さんたちにも常日頃から伝えています。さらに言葉がけも、とても大切なんです。

たとえば、「最後にハイライトを入れることで、こんな風になりますよ！」と、期待を膨らませる一言を加えるだけで、お客さまの心がワクワクするんです。

「ハードルを上げるんじゃない？」と言われることもありますが、実はこの期待感が仕上がりの感動を倍増させるんです。自分が持っている技術を最大限に活かし、その価値をお客さまにしっかりと伝えるための工夫なんです。

特にハイライトは、肌に立体感や輝きを加える、とても重要なアイテムです。昔のハイライトはただ光を与えるだけのものでしたが、今ではパールやツヤを使って、肌に自然な曲線美を生み出すことができます。この最後のひと手間が、メイク全体を完成させるだけでなく、お客さまの期待を超える瞬間を作り出します。

私にとって、メイクのお仕上げはお客さまの心を動かす最終章なんです。その一手一手に心を込めて感動を届ける準備をすることで、メイクが特別な体験に変わります。それこそが、メイクを「エンターテイメント」として提供する理由です。

私は毎回、お客さまと一緒の空間に魔法をかけるような感覚で取り組んでいます。実は私、田舎に住んでいる時、初めてディズニーランドに行った時、池に浮かぶ鴨ですら、すっごく可愛い鴨に見えて「かわいい〜〜!!」って感動したんですよね。

空間に魔法をかければ、人って見てるものも変わるということに気づいたからこそ、サロンでお客さまを迎える前には、いつも「キラキラとした素敵な空間になる！」と想像しながら準備しています。

「私、可愛くなった！」「キレイになった！」とお客さまが感じるであろうワクワクを、臨場感たっぷりに先取りしてから接客に入るんです。不思議なことに、その感情で接客に入ると、本当に想像した通りのワクワクとキラキラさでお客さまが帰っていかれるんですよ。

私のサロンは、ただのサロンではありません。ここはまさに**マスミーランド**。お客さまを最高にワクワクさせる場所だという意識を毎回持って、お迎えしています。

SNSとの向き合い方

みなさん、SNSは使っていますか？

ありがたいことに、私のインスタがきっかけで講座にお越しいただく方もいらっしゃって、SNSは今や私の仕事になくてはならない存在になっています。

そんな中で、受講生さんから「SNSってどう運用されていますか？」といった質問をいただくことがよくあります。

ＳＮＳでは、ビジネスに繋がるような定期的なフィード投稿はあまりしておらず、ただストーリーズで「メイクって楽しい！」を発信してるだけなので、全く参考にはならないかもしれませんが、今回は、私なりのＳＮＳへの考え方をお話ししてみたいと思います。

お客さまにメイクレッスンを提供している受講生さんから「発信はしたいんですけど、自分の自撮りを載せるのが恥ずかしい」という相談を受けました。

「メイクのお仕事をしているなら、自分の姿が商品の一部になるんですよね。たとえば、陶芸作家さんが作品である陶器をＳＮＳに載せないのは不思議ですし、アクセサリー作家さんがアクセサリーを投稿しないのも同じことだと思うんです。その感覚でやれば大丈夫！」　とアドバイスしました。

自分の顔を「載せる」と思うのではなく、自分の「作品を発信する」と考えると、少し気が楽になりますよ。それに、人は自分が思うほど、自分のことをじっくり見ていません。

私自身、インスタをあげる際、「私を見て！」という気持ちではなく、「こんなシーンに合うメイクやスタイリングを参考にしてくださいね」というスタンスで載せています。自撮りも作品の一つだと思えば、自然に投稿できるようになるかもしれません。

さまざまな学びの中で、「ビジネスでSNSを活用している人が今日パンケーキを食べた、的なプライベートな投稿をしてはいけない」「フィード投稿の色味や内容を統一しなければならない」など、SNSのビジネス活用において、暗黙のルールがあることを知りました。

とある受講生さんから「メイク以外の投稿をしたら、フォロワーが減りました」という話を聞くと、彼女が細かくフォロワーの動向を把握していることにも驚きつつ、「私には無理だな」と感じたのも事実です。

もちろん、ビジネスとしてSNSを活用するなら、経費や収益なども意識しなければいけないフェーズはあります。でも、それを過剰に意識しすぎて「楽しい」を失ってしまうのは、私らしさを削いでしまう気がしています。

私は自分の「好き」や「楽しい」を軸に発信してきました。その結果、私らしさを好んでくださる方に繋がることができたんです。SNSでの発信に悩んでいる方は、まず自分の「好き」を見つけてみてください。

そこから始めると、自然と発信が楽しくなると思います。そして、その「好き」が同じ人たちと繋がり、共有できる喜びを感じられるはずです。

まずは楽しむ気持ちを大切に、SNSを活用してみてくださいね!

人からよく褒められることはなんですか?

「自分の特徴がわからないんです」と悩まれる受講生さんには、よくこうお尋ねします。「人からよく褒められることって、なんですか?」と。

実は、日々人からいただく褒め言葉には、あなた自身の特徴や個性を教えてくれる大切なヒントが詰まっているんですよ。

ただ、勘違いして欲しくないのは、褒められたこと＝あなたの好きなことだとは限らないということ。**できることと好きなこと**は違うんです。人から言われる言葉はあくまで、気づかせてもらうためで、自分の中にしか答えはないんですよ。私自身も、これまでたくさんの方から嬉しい言葉をいただいてきました。


「ますみさんと一緒にいると元気をもらえます」

「定期的に会いたくなります」

そんなお声をいただくことが本当に多いですし、時にはこんな言葉もいただきます。


「今日は久しぶりにｍａｓｕｍｉ先生にお会いするので、いつも以上にメイクに気合いを入れてきました！」

そんなとき、私は思わず冗談っぽくこう言っちゃうんですけどね。

「私と会う約束がなくても、毎日こんなメイクができたら、運がよくなるよ〜！」

こうした言葉をいただくたびに、「私がその場にいることで、みなさんに少しでもポジティブなエネルギーをお届けできているのかな?」と思うことが増えました。さらには、「私って、まるで松岡修造さんみたいに人の背中を押したり、お尻を叩くタイプなのかもしれない」と感じるようになったんです(笑)。

「美容コーチ」という肩書きは、私の講座を何回も受けてくださっているサロンオーナーのモアさんからいただきました。

私は、優しく寄り添うカウンセラーでも、頭脳明晰で分析が得意なコーチでもありませんし、完璧でスキのないコンサルタントでもありません。

時にはポンコツな一面も見せながら、ただ優しく寄り添うだけではなく、気づきをもたらしたり、お尻を叩いたりする存在ですね。

「美容コーチ」という肩書きは、まさにそんな私をよく表していると思っています。

だからこそ、私は「人からいただく言葉は、全部素直に受け取ること」を大切にしています。たとえそれが少しお世辞っぽく聞こえても、「ありがとう」と感謝して受け取ることで、自分の個性や魅力を再発見するきっかけになるんですよ。

日本人は、褒められるとつい謙遜してしまいがちですよね。「そんなことないです」「いえいえ、全然ダメですよ」なんて言葉が、無意識に出てしまう方も多いと思います。そんな方は、ぜひ「ありがとう」と、意識的に言ってみる練習をしてみてください。最初は少し照れるかもしれませんが、それだけで、自分の中に新しい発見が生まれるはずです。

たとえば、「飽き性だね」と言われたとします。でもその裏には「好奇心旺盛」と、「情報を持っている」という素敵な特徴が隠れているかもしれません。また、「人の顔色を伺ってる」と言われたとしても、それは「場の空気を読む力がある」という長所の裏返しかもしれません。人からの言葉は、あなたが持っている特徴を映し出しているだけなんです。

私自身が「女性に影響力を持つ存在なんだな」と気づけたのも、多くの方からいただいた言葉のおかげです。数年前の私は、今の自分を想像すらしていませんでした。でも、人からの言葉を素直に受け取り続けることで、少しずつ自分自身への見方が変わってきたんです。

謙遜も素敵な美徳ですが、ときには自分を認める練習も必要です。容姿や行動を褒められたとき、「そんなことないですよ」と否定する代わりに、まずは「ありがとう」と一言伝えてみてください。

そして、自分自身にも問いかけてみてくださいね。「私は周りからどんな人に見られたいだろう？」「人からよく褒められることは何だろう？」と。その答えが、きっとあなた自身の特徴や個性を知る鍵になるはずです。

自分の特徴を知る上で、もう一つ大切なことがあります。行動した上で「違った」と気づくことも決して悪いことではありません。

私の講座を受けたことで「本当にしたかったのはメイクじゃなかった」と気づく方もいます。実は、これってとても大事なことなんです。

行動するからこそ、気づけることがあるんですよね。もし行動しなければ、「できない自分」にずっとモヤモヤしたまま。けれど、時間とお金をかけて動いてみることで、「やっぱり違った！」と気づくことがあるんです。
たとえば、メイクの講座を受けた後に「私が本当にしたいのは、もっと人と深く関わることだ！」「コーチングの方が自分には合ってる！」と分かったり。

行動してみたからこそ得られる「気づき」は、たとえ「違った」としても、それも人生が進んでいる証しなんです。一歩を踏み出すこと自体が、自分の道を見つけるための大切なステップなんですよね。

「違った」と感じても落ち込む必要は全然ありません。それは、次に進むための大きな一歩を踏み出したということなんです。

近しい方々に私の印象を聞いてみました。

HAPPY SPIRAL Academy の講師仲間からは、

・感情的（非物理）な器が大きい、でも物理の器は小さい
・人生経験の奥行きを感じる

・言ってることとやってることが一致している
・プロフェッショナル
・微分の美学（細かいことへの美学を持ってる）
・凛としていると可愛いの両方がある
・ナチュラルストイックなようで大谷翔平

HAPPY SPIRAL Academy のとある生徒さんからは、

・ｍａｓｕｍｉ先生に会わなかったら人生楽しくなかった
・人生の恩人
・愛の人
・パワースポット
・抜けてて可愛い
・全部パーフェクトじゃないから好き
・チャーミング
・インスタ上だとクールでパキっと「しごでき風」だけど、できないところもさらけ出しているから好き

・メイクと知識の情報量が半端ない
・自分を大事にするということがわがままじゃないと気づかせてくれた

受講生さん（マスミスト）からは、

・人生の姉御のような、男前のような、とにかくついていきたくなる
・悩みや弱さもさらけ出してくださる強さ
・人間味があって人情がある
・チャーミング
・私が男だったら1回は必ずアプローチしている
・無性に会いたくなる
・会うと癒され、満たされ、心が洗われる
・カリスマ性が尋常ではない
・言動にきちんと愛が込められている

長年付き合っている親友たちからは、

・とにかく人並外れた美しさへの追求力、努力、情熱が素晴らしい
・自他共に愛のある厳しさを持ちつつ、常に温かく見守ってくれる安心感が魅力
・美へのストイックさとは反対に、プライベートでのおっちょこちょいな一面があり、そのギャップが魅力
・相手の気持ちを大切にしながら自分の気持ちも大切にできるところ
・その時の自分が抱えている問題を見抜く力がずば抜けていて、それに対するアドバイスが的確で心に響く
・今に連れてってくれるタイムマシーンだ（今ココ感覚で生きてる）
・ただの大食い

こんな風に、自分では気付いていない自分について、人から教えてもらうのって大事だな〜って思います。

自分の特徴や強みがわからない方は、近しい人に自分の印象を聞いてみるのをおすすめします。

美人ではなく雰囲気美人を目指そう

こんなことをいうと大変恐縮なんですけど、今では初めてお会いする方に「オーラがありますね」と言われるようになりました。でも、元々はそんなこと、一度も言われたことなかったんですよ。

ではどうして「オーラがある」なんて言っていただけるようになったのか。それは、私自身が「これだ！」と思える美容やメイクの道を見つけて、それを突き詰めていったからなんです。ここで私が言う「オーラ」というのは、特別な能力や不思議な力のことではなく、「雰囲気」のことです。

最初に「なんか雰囲気ありますよね」と言われたのは、3年ほど前のことでした。その時は、ほんの数人の方からいただいただけだったので、「お世辞かな？」なんて思っていました。でも、それが次第に増えていき、数十人から言われるようになったとき、「あれ？もしかして、本当に私ってオーラがあるのかも？」と気づき始めたんです。

それは決して自分一人でわかったことではなく、人からいただいた言葉が私の自己認識を少しずつ変えてくれた結果なんです。「あなたにはオーラがある」と言ってくださった方々のおかげで、「これが私の魅力なんだ」と自然と思えるようになりました。

私が「雰囲気がある」と言われるのが特に嬉しい理由は、顔立ちや造形美には関係ないことだから。顔の美しさやスタイルはもちろん素敵な要素ですが、それ以上に「その人が放つ全体的な魅力」こそが、もっと奥深くて素晴らしいことだと思っています。

- 「キレイ」という言葉は、顔や体の造形美を褒めるもの。
- 「可愛い」という言葉は、その人が持っている個性や内面の魅力を褒めるもの。
- 「雰囲気がいい」という言葉は、その人全体から発するトータル的な魅力を示すもの。

だからこそ、私は講座でもこうお伝えしています。「美人を目指すのではなく、雰囲気美人を目指そう」と。

雰囲気美人は、顔立ちや造形には関係ありません。自分で作り上げていけるものだからこそ、どんな方でも目指せる魅力なんです。

私自身、意識して「オーラ」を出そうと思っているわけではありません。ただ、自分が心から大切だと思えることに取り組み続けた結果、周りの方々がその雰囲気を感じ取ってくださったんだと思います。そして、それを教えてくださったのは、他でもない人との出会いや言葉でした。

あなたもぜひ、自分の持つ「雰囲気」に目を向けてみてください。それはきっと、あなた自身の大切な魅力になるはずですよ。

空間にこだわることも最高のおもてなし

言葉ではうまく説明できないのに「なんとなく違う」という感覚になったことはありますか。直感的に「ここは居心地が悪いな」とか「合わないな」と感じるときのことです。長い間、この感覚は私だけなのかな、と思っていました。

しかしある時、お世話になっている方から「いやいや、それは普通のことだよ」「間違っていないよ」と言ってもらう機会があり、その言葉を聞いた瞬間、なぜか涙が溢れてきて、「私が感じていた違和感は、変なことではなかったんだ」と気づけたんです。

私にとって「空間」は人生においても大切にしているものです。自分が日常的に住む場所はもちろん、美容の仕事をする中で、「キレイになりたい」というお客さまの気持ちを後押しできるような空間をつくることにもこだわりがあります。

私が提供したいのは、技術や施術だけではありません。お客さまにその時間を心から楽しんでいただけるような、空間そのものが持つエネルギーや心地よさ、特別感も含めて届けたいと思っています。空間作りは、私にとって「おもてなしの心」を形にする大事な要素なんです。

たとえば、私のサロンはグレーと白、アイアンの黒で統一感のあるようにし、照明にもこだわっています。

これだけでお客さまは「ここでキレイになれる」と感じてくださるものですし、それ以上に「この場所にいるだけで嬉しい」「また来たい」と思っていただけることがあるんですよね。

だから私は、空間を通じてお客さまに喜んでいただけるよう、細部にまで配慮を欠かさないようにしています。見落とされがちな小さな部分。たとえばゴミ箱のデザインやスリッパの質感、カーテンの色合いまでもが、実は全体の雰囲気を作り出しています。

こうした「空間もサービスの一部」という意識で、お客さまにとって施術以上の満足感を提供できる空間作りを心がけることで、美容という仕事の楽しさや奥深さを感じています。

自然の流れに身をまかせる

私の人生は、いつも「自然の流れ」によって導かれてきたように感じます。たとえば、所属していたサロンで、仲間の一人が辞めるタイミングで、「自分のサロンを立ち上げる時が来たのかも」と、直感的に感じたことがありました。その時の決断は、強く意識して下したものではなく、自然の流れに身を任せた結果でした。

これまでの人生を振り返ると、無理に流れに逆らうことなく、自分の感覚やタイミングを信じて動いてきたとき、物事がうまく進む経験を何度もしてきました。たとえば、新しいサロンの物件を探していたときのことです。私が理想としていた、打ちっぱなしのコンクリートや、外廊下にグリーンが植えられた空間に出会った瞬間は、まるで自分の想像が現実になったかのようで、驚きと喜びが入り混じった特別な瞬間でした。

流れに逆らわず、自分の感覚を信じて進むこと。それによって、必要なタイミングで、最適な場所や人々に巡り合うことができました。横浜の Briller サロンでの経験も、その一つです。

たまたま行った顔タイプ診断®の講座で出会った女性経営者のまきねぇ。彼女のサロンに所属させていただくことになったのも、自然な流れでした。

まきねぇからも、多くのことを学び、成長させていただきました。彼女から教わったのは「高い視点と広い視野を持つこと」の大切さです。それまでの私は、目の前で起きていることだけに集中してしまいがちでしたが、物事を俯瞰することで、新しい発見や成長のきっかけを得ることができました。

彼女は、私の魅力についても気づかせてくれました。私が「診断なんてできない」と弱音を吐いていたときも、「ｍａｓｕｍｉなら絶対にできる！」「大丈夫！」と、耳にタコができるほど何度も繰り返し言ってくれたんです。このように、まきねぇは私を成長させてくれる存在でした。

サロンを卒業した後も、彼女との繋がりは続いています。新潟へ会いに行くこともあるなど、より良い関係が続き、今も私を支えてくれています。

「○年後に年収○億！」など、具体的な目標を持ってそれに向かって努力するやり方があっている方ももちろんいます。私は常に「こう在りたい」や「メイク・美容については学び続けたい」欲はあるんですが、明確に何年後に年収○億稼ぎたい、などの数値目標はありません。

自然の流れに身をまかせるスタイルが合っているんです。どのスタイルが正しい、間違ってるはありません。あなたの在り方に合ったやり方で突き進むのがおすすめです。

溺愛される人付き合い法

普段仲良くさせていただいている年配の女性経営者から「ご飯行こ〜」と誘っていただいた話を共通の知人にすると、

「あの人がご飯に誘うなんて、ｍａｓｕｍｉちゃんくらいよ」と言われました。

「え？ そうなの〜？」と驚きつつ、そんなことが実はよくあるんです。

私がよく人から言われる言葉の一つに、

「ますみって、いろんな人から溺愛されてるよね」

というものがあります。

なぜそんなに周りの人から溺愛されるのか、自分ではあまり深く考えたことがなかったのですが、本書を書くにあたり、自分なりにその理由を分析してみることにしました。

まず、私は自分が「好きだな」と思う相手には自然と自己開示をしている、ということ。つい本音で話してしまうんです。

元々、表面的な付き合いが得意ではなく、狭く深く付き合うタイプなので、信頼できる人には自分をさらけ出して、弱点も隠さず見せています。

昔、お世話になった親戚からは、

「ますみは◯◯しがいがある」と言われたこともあります。

嬉しいときは全身を使って全力で喜ぶなど、喜怒哀楽をストレートに表現することをしていたからかもしれません。

「ますみは質問力がすごい」と友人から褒められることもあります。だって、相手に興味があると、どんどん深掘りして聞いてしまうんですもの。これは癖ですね。

「こういう時どうだったんですか？」
「その時どう思ったんですか？」

というように、無意識に話を掘り下げてしまう癖があります。結果、会話が深まり、相手との繋がりもより深くなっていくんですね。

だから、受講生さんからも人生相談や深い話をされることが多いのだと思います。

「人の懐に入るのがうまいよね」と言われることもよくあります。

ちょっとスピリチュアルなイメージでお話しすると、誰かと一緒にいる空間があるとして、その人と自分が透明なベールで包まれているような感覚を持つんです。その人が持っているベールの中に自分がそっと入り込むイメージ。

逆に「合わないな」と感じる人にはすぐ気づきます。「波長が合わない」はよく聞く表現ですが、私の場合「音が合わない」という独特な感覚なんです。具体的に、雑な声の発し方をされている方は正直苦手に感じます。

言語化が難しいのですが、声に「耳心地の良さ」を感じられないことが多いです。だからこそ、私は「耳心地のいい声」を意識しているのかもしれません。最後が尻切れとんぼにならない声色を心がけることで、相手への丁寧さを表しています。

私が常に心掛けているのは、「五感で心地よい」空間を作ることです。これは相手と過ごす時間そのものを心地よくするための無意識の行動かもしれません。

こうした細やかな心配りや意識が、結果的に周りの人たちから「溺愛される」要因になっているのかもしれませんね。

CHAPTER

6

たいせつな人たちからみた私

私の人生を変えてくれた人①
モアさん

※名古屋でモアさん（左）と

今でこそ50回以上開催しているMeeMの「お客さまへの美肌づくり講座」ですが、モアさんはマスミストの中でも、10回以上（つまり世界一）ご参加くださっている、特別な受講生さんで、美容を極める大切な同志です。

10年以上の付き合いになりますが、お互いの変化や進化を見てきた仲間と言っても過言ではありません。

横浜で「美肌づくり講座」の第1回と第2回を開催したのが今から5年前のこと。

それをきっかけに、県外での開催という新たな挑戦が見えてきたんです。モアさんから「ぜひ名古屋で開催してほしい！」と熱烈なラブコールをいただき、第3回目は名古屋で開催しました。この経験が、「お客さまへの美肌づくり講座」が大きく展開していく最初のきっかけとなったんです。

モアさんとは長年の信頼関係がありますが、ぶっちゃけてしまうと、最初にお会いした頃の印象は「持っているものはとっても良いのに、活かしきれてないな～」という感じでした（笑）。

でも、今ではまるで女神のような、歩けば人が思わず振り向いてしまうくらいの魅力的な外見になられています。本当に素敵です。

今回、本書を作るにあたり、ライターさんがモアさんに直接インタビューを行いました。

改めてモアさんの言葉で、私の第一印象や2人の馴れ初め（笑）や関係性についても伺うことができ、とても新鮮で嬉しい気持ちになりましたね。以下に、そのインタビューの様子をお届けします。

モアさんは現在どんなお仕事をされていますか?

イメージコンサルティングサロンの運営をしながら、イメコンを目指す方向けの講座や、顔タイプアドバイザー認定講座の講師をしたり、カラー診断、骨格診断、メンズメイクを教えています。

講座のメイク分野をますみ先生に担当していただいてまして、名古屋の平日開催の講座にますみ先生を外部講師としてお呼びしています。

masumiさんと出会ったきっかけを教えてください

ますみ先生と初めて出会ったのは、彼女がハッピースパイラルアカデミーというイメージコンサルタントスクールのメイク講師としてデビューしたときですね。当時、私は再受講生として、彼女の講座に参加しました。当時、ますみ先生はまだ駆け出しだったのもあり、その場では深く話すタイミングはなかったかな。

後日ますみ先生が、私のインスタライブにきてくれて、当時私がやっていたウェルスダイナミクス才能診断に興味を持ってくれて、オンラインでの個別セッションを受けにきてくれたんです。その時に初めて2人で話しましたね。それがますみ先生との深い関係の始まりでした。

当時、名古屋で美容講座を始めたばかりだった私は、講師をやってくれる人を探していました。「とんでもない人に出会ってしまった。ますみ先生にうちのメイク講座で講師として登壇してほしい!!」と強く願い、熱烈なラブコールをしました(笑)

「お客さまへの美肌づくり講座」を受講してどう変わりましたか？

私にとって美容やメイクは、「関心はあるけど大変なこと」でした。そもそも自分に肝斑(かんぱん)＝加齢によって頬骨、額、口の周りに左右対称にできるシミがあることすら知らなかったんです（笑）。

内面のバランスも大きく偏っていて、自分の中にある男性性が99パーセントを占めているような状態でしたね。外見に気を遣うこともほとんどなくて、美容に対する感度も非常に低い、というより「ゼロ」に近い状態でした。

化粧したまま寝てしまったり、肌に悪影響を与えるような生活を送っていましたね。

初めてますみ先生の「美肌づくり講座」を受けた時、雷に打たれたような衝撃でした。肌の艶や光がまるで別人のように美しくなり、そこから放たれるオーラまでもが変わっていることを目の当たりにしたのです。

一番驚いたのは、周りの私への扱いが変わったことです。大切に扱われるようになったといいますか、とにかく周りが自分に優しくなったような不思議な感覚でした。

その瞬間、「美容がもたらす可能性」の大きさを初めて実感しましたね。

メイクやスキンケアで、ただ外見を整えるだけではなく、「自分の内面に目を向ける」「自分を労わる」ことを初めてするようになったのです。これは自分の中で、革命とも呼べるものでした。

ますみ先生が講座の中で「人は外見が10割です」との言葉に、最初は「はぁ!?どゆこと!?!?」って思ってましたが、今では本っっっっっ当にそう思います。

masumi さんの「すごい！」と感じるところを教えてください

進化力です。進化力について2時間くらい語っちゃっていいですか？（笑）

名古屋で初めて美肌づくり講座を開催してもらったとき、確信しちゃったんです。

「私は……とんでもない人に出会ってしまった！」って。

ますみ先生は、女性としての美しさが、すでに完成されたような方。でも、それだけじゃないんです。人って当たり前にできることって、気づかないものです。でも彼女は、それを「人に伝える」というフェーズにしっかり進んでいました。どうやったら伝わるのか、どうしたら理解してもらえるのか。彼女はそのために自分自身を深く掘り下げていたんです。

「私はこうやってお客さまを感動させていたな」とか、「メイクの楽しさをこんな風に伝えてたな」とか、やっていたことをしっかり自己分析し、変化した理由を徹底的に掘り下げて、自分のマインドを分析していたんです。その上で、どう伝えたら理解してもらえるのかを試行錯誤しながら、学び続けていらっしゃいました。

その結果、彼女はさらに進化し続けているんです。そこらへんの美容の専門家と「レベルが違う」って本当に思います。特に伝え方のクリアさや説得力がどんどん増している。美容コーチとして成功しただけじゃなく、その行動や考え方を他の分野にも応用しているように思いますね。

ますみ先生が受講生さんから『また会いたくなる』と言われる理由って、おそらくそこにあるんだと思います。彼女自身のライフスタイルやメイクのスタイルが変わっていくわけではないんですけど、その進化力がすごいんですよね。彼女の生き方そのものが、多くの人を惹きつけているんだと思います。

masumiさんはモアさんからみてどんな女性ですか？

ますみ先生は、女性として生まれたことを存分に楽しみ、味わい尽くしている方です。彼女は「美しくありたい」という本能に正直に生きていて、美に対する感度の高さや共感力を大切にしていますね。

メイクを教えている時も、結果よりプロセスをいかに楽しむか。アイラインの引き方一つでも、「左右の違いを楽しんで」と言ったり、メイクの各ステップごとに「こんなに変わるのが面白い」という感覚を大切にしているんです。

彼女の教え方は、まさに女性性の象徴で、メイクを通じて女性が自分をより楽しむことを教えてくれているような感じがします。

ますみ先生自身が、人生の選択も自分の感覚を一番大事にして決めているので、いつも自分の行動に誇りを持っているような堂々とした姿がまた受講生さんたちの心を鷲掴みにしちゃうんだよなぁ～って思います♡

私の人生を変えてくれた人②

ゆかさん

※博多でゆかさん（右）と

ゆかさんは、「私を発掘してくれた人」と断言できる特別な存在です。彼女は、人の個性や強みはもちろん、本質を見抜く力が本当に優れていて、可能性を引き出してくれた大切な恩人でもあります。

ゆかさんは、私がエステティシャン時代に通っていた（現在講師を務めている）ハッピースパイラルアカデミーのメイク講座を受講した時の同期でした。

当時の私は、目の前の仕事を全力でこなすことに集中していて、自分の可能性について深く考える余裕なんてありませんでした。

そんな私に、「肌作りの技術を教えてほしい」と声をかけてくださったのがゆかさんでした。その一言がきっかけで、私のオリジナル講座である「お客さまへの美肌づくり講座」が誕生しました。ゆかさんは、私のお尻を叩き、背中を押してくれる頼もしい存在です。会うたびに温かく励ましてくれるだけでなく、時には厳しく具体的な行動を促してくれる彼女の存在が、私に新たな挑戦をさせる原動力となったのです。

最初は横浜サロン限定で始めた講座も、ゆかさんのおかげで新たなステージへと広がりました。第1回と第2回は横浜で開催しましたが、ゆかさんから「福岡でも開催してほしい」と熱いリクエストをいただき、2022年5月には、ゆかさんが福岡で運営するサロン「nicola（ニコラ）」での開催が実現。これが私にとっての大きな転機となり、「お客さまへのメイク基礎講座」「お客さまへの美肌づくり講座」を単発イベントではなく、継続的に行うものと考え始めるきっかけとなりました。

その後、講座は全国各地に広がりを見せ、名古屋、福岡、大阪、横浜、新潟、兵庫など、数ヶ月に一度訪れる形で展開されるようになり、新たな地域での可能性を見出すことができました。

もし、ゆかさんが私に声をかけてくださらなかったら、講座自体がなかったかもしれません。彼女が私の中に眠る可能性を見つけ、引き出してくれたおかげで、「お客さまへの美肌づくり講座」はここまで成長することができました。彼女の存在は、私にとって感謝の気持ちを伝えきれないほど大きなものです。

ゆかさんは現在どんなお仕事をされていますか？

外面と内面の両方から自分らしく輝いて生きる「潜在魅力開花プロデューサー」として二つの活動をしています。

一つ目は、福岡でイメージコンサルタント養成サロン「nicola（ニコラ）」を運営し、Sci/ARTパーソナルカラー養成講座、顔タイプアドバイザー　級認定講座、骨格診断アドバイザー養成講座、メイクインストラクター養成講座など、さまざまな養成講座を提供しています。北海道から沖縄、さらには韓国、中国、タイ、インドネシア、イギリスなど国内外から1300名ほど受講生がいます。

また、起業当初からメンタルコーチ、ライフコーチ、カウンセラー、セラピスト、占星術師としての活動も行っており、現在はコーチの育成やマインド講座、セミナーなどを全国の方に向けて開催しております。

講座は全て知識だけではなく、自身の経験や実例に基づいており、受講生の「変化」を間近で見届けることができ、毎日本当に幸せです。

関わった人が生きる目的や使命に気づき、才能や魅力を開花させながら人生が輝くきっかけになる。そのための探求をし続けることが私の生き甲斐となっています(笑)

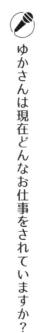

masumi さんと出会ったきっかけを教えてください

今から6～8年前、ハッピースパイラルアドバンスコースというメイク講座で共に受講生仲間として出会いました。第一印象は可愛らしい人。ただ、3日間一緒に過ごす中で、ますみさんのメイクに対するタダモノではない感性に惹きつけられるものがありました。

マニュアル通りではなく、直感的に美を理解している人という感じ。元々私も美容を突き詰めたい、深掘りしたい欲求があったので、すぐに私たちはメイクや美容について、いわば「オタク」的な会話に没頭していました。

他の生徒たちはマニアックすぎて会話についていけないほど、私たちは色彩理論や肌の反射について深く議論していました（笑）。

私も彼女も、人が気づかないような細かい点に敏感に気づく習性があり、共感することがたくさんあったのです。話していて心地がいいし、すぐに意気投合しましたね。

masumiさんと どのように関係が発展していったのでしょうか？

その講座の数ヶ月後、私が東京で顔タイプ診断のイベントを開催したとき、ますみさんがアシスタントとして手伝ってくれたんですね。

その時、彼女の可能性を本当に感じました。帰り道に、「YouTubeを始めてほしい！」とか、「ますみさんオリジナル講座をやってほしい！」と熱心に説得したのを覚えています。

彼女には美容に関する特別な才能があり、それを世に出すべきだと強く感じました。私からみて、彼女は単なる模倣ではなく、自分の経験に基づいた独自の視点を持っていたのです。

しかし当時のますみさんは、自分が教えたり、人前に立つような人物だとは思っていませんでした。なので、私は彼女のお尻を叩き続けました（笑）。

あのイベントから1年後も、私は彼女に自分の講座を始めるように促し続けてましたから。

そして2021年、ついに彼女は自分のスキンケア講座である「お客さまへの美肌づくり講座」を立ち上げることを決心したんです。私はもちろん第一期生として参加しました。ますみさんが特別なものを生み出せる人だと確信していたので、一歩を踏み出して、講座という場で立ち会えた瞬間は身震いするほど感動しましたね。

masumiさんはゆかさんからみてどんな女性だと思いますか？

ますみさんは「他の人とは違う」と感じる特別な存在です。自分が学びや出会いを通して受け取ったものを、すべて素直に吸収し、自分のものにして体現する力があります。

それが、誰にも真似できない強さであり、魅力だと思います。「お客さまへの美肌づくり講座」第1回目を受講した時、内容に驚かされました。

単なる知識や技術ではなく「なぜそうなるのか」が深く考えられていて、表面的ではない本質的な講座だったからです。それは、ますみさん自身が体現しているからこそ伝わるものです。彼女の天真爛漫な「かわいらしさ」は変わりませんが、その内側には厳しさと強い意志が宿っています。

美容業界の厳しい中で、どんな状況も素直に受け入れ、自分の生き方に反映させてきたその姿に、私は何度も感動させられました。

ますみさんが持つ「感謝の心」も特別です。学びやご縁から得たすべてを感謝とともに吸収し、それを生き方や行動に繋げている。

その姿勢が、周りの人を惹きつけながら、愛を伝えているのだと思います。

masumiさんとの関わりについて教えてください。

ますみさんと一緒にいると、いつも新しい刺激をもらえますね。彼女は知らない場所に飛び込む勇気があり、新しい人たちと出会い、そこで得た体験や話を私にシェアしてくれる。そのエネルギッシュな姿を見るたびに、新しい世界を垣間見ることができて、とても楽しいんです！　一方で、私は一つのことを深掘りするタイプ。前と同じテーマを掘り下げたり、そこから新たな気づきを得るというアプローチが得意です。この違いが、私たちの関係を面白いものにしていると思います。

私たちにはお互いにない部分があり、そこをリスペクトし合っています。ますみさんは新しい世界を広げてくれる人であり、私は深い掘り下げを共有する存在。夜にじっくり語り合う時間がなによりも楽しく、上っ面の話ではなく本質的な話ができるのが心地いいんですよね。

お互いの成長や学びを確認し合えるのも大きな喜びです。関係性は言葉では表しにくくて。友達でも同僚でもないけど、深いところで繋がっている、まるで「ソウルメイト」のような、不思議な関係性です。お互いが持っていないものを尊重し合い、新たな視点や感覚を共有することで、関係がより豊かになっている気がします。

一緒に過ごす時間は、学びと楽しみの連続です。ときには鳥刺しの話で盛り上がり、またあるときはメイク以外のテーマで無限に話し合う。そのどれもが、心から楽しくて充実しているんです。ますみさんと出会えたことは、私にとって大切な人生のギフトです。

マスミストインタビュー①
Mayaさん

※サロンでMayaさん（右）と

masumi先生をどこで知りましたか？

2020年にハッピースパイラルアカデミーに通い始めたのがきっかけです。翌年の2021年2月、メイク基礎の講師をされていたのが先生でした。

生で見たときの第一印象は？

若い頃の沢口靖子さんにそっくりで驚きました。同じ時期に連続テレビ小説を見ていたので、「あれ？　沢口靖子がいる!?」って思ったほどです。女優さんのように綺麗な方だな、というのが第一印象でした。

「お客さまへの美肌づくり講座」には再受講を含めて何回参加していますか?

これまでに10回ほど参加しています。一番最初に受けたのは2021年7月で、その後は年に3~4回アシスタントとしても携わらせていただいています。

受講前と受講後でどんな変化がありましたか?

受講を通じて、お客さまへの接し方が大きく変わりました。以前は「似合うものを提案して迷子にさせない」という価値観が中心でしたが、受講後は「似合うものを身にまとったその先」まで考えられるようになり、外見を通して人生を生きやすくするというマインドに変わりました。

masumi先生から学んだ「お客さまをいかにワクワクさせるか」という考え方も大きな影響を与えてくれました。以前は「キレイになりますよ!」と期待を高めることが不安でしたが、その不安は完全になくなり、お客さまを軸にお話しできるようになりました。その結果、インスタでのビフォーアフターの投稿が好評で、集客にも繋がりました。

メイクを通じて自信を持つ顔に変化するお客さまを見るたびに、「これは単なる技術以上の効果だ」と実感しています。

masumi先生の好きなところは？

いつも「イマココ」に集中して、その場にいる人たちのためだけに全力で向き合ってくださるところです。

授業が終わった後も、他の先生が帰っていく中、masumi先生だけは残って「何か不安なことはある？」と話を聞いてくださいました。

講座が17時に終わる予定でも、そこから3時間ほどお話を聞いてくださったこともありました。その時間が本当に救いでした。

masumi先生の尊敬するところは？

「寄り添い力」です。初期の頃、普段からプチプラのコスメを使っていた私に、企業からメイクセミナーの依頼が入りました。

後日デパートでたまたま買い物をしていたら、masumi先生にバッタリ遭遇したんです。セミナーのことを相談すると、

「お金を頂いて、人前でセミナーをするなら、デパートで購入できるコスメも揃えた方がいいわよ」

とおっしゃってくださり、そのまま化粧品売り場まで付き添っていただき、アイブロウアイテムを一緒に選んでくれたんです（泣）

その時に化粧品の買い方や、お金のかけどころを教えてくださったことが忘れられません。

私に恥をかかせないようにと、時間を割いて寄り添ってくれた姿に、本当に感謝しています。

masumi先生に一言ください

まず、出版おめでとうございます！

私のイメージコンサルタントとしての基盤は、間違いなくmasumi先生のおかげで築けました。

先生がいなかったら、きっと今頃廃業していたと思います。

独身の私ですが、もし結婚することがあれば、結婚式の主賓挨拶は、ぜひmasumi先生にお願いしたいと思っています。

先生は私にとって、人生を支えてくれた恩師です。

この本を読んでいる方へ一言ください

誰でも綺麗になれる。それをこの本を通じて伝えたいです。外見だけでなく、生き方や姿勢、髪のツヤまでもが美しさを作る要素です。「私は太ってるから」「肌が汚いから」と思っている方こそ、この本を読んで自分を大切にしてほしい。そして、自分を好きになれる人が増えてほしいです。

この本は、全ての女性、性自認が女性の方、そして可愛い男性にもぜひ読んでほしい一冊です。masumi先生が伝える「女性の美」への深いこだわりを感じて、心から輝ける自分を見つけてください！

マスミストインタビュー②
Airiさん

※サロンでAiriさん（左）と

masumi先生をどこで知りましたか？

2023年夏頃、イメージコンサルをしている友人が「ハッピースパイラルアカデミー」というイメージコンサルタントスクールで、masumi先生のメイク講座を受講しているのをインスタグラムで見かけたのがきっかけです。その友人から「すごくよかった！」と感動した感想を聞き、興味を持ちました。また、別の知人がmasumi先生の「お客さまへの美肌づくり講座」を受講していたこともあり、ますますその魅力に惹かれました。

生で見たときの第一印象は？

インスタグラムで見るだけでも「綺麗な先生だな」と感じていましたが、実際にお会いしたときはその美しさと存在感に驚きました。写真以上のオーラをまとっていて、気軽に話しかけることもできず、ご挨拶だけで精一杯でした。先生の雰囲気に圧倒されてしまったのを今でも覚えています。

「お客さまへの美肌づくり講座」には再受講を含めて何回参加していますか？

２０２４年１月に４日間の講座を受講し、その後、再受講やアシスタントとして１回ずつ、さらに個人レッスンも１回受講しています。

受講前と受講後でどんな変化がありましたか？

受講前は、仕事に忙殺されて自分を後回しにしていました。友人との食事の約束や美容室の予約も仕事優先でキャンセルする日々でした。masumi先生の講座を受けた後は、朝１時間早く起きてスキンケアやメイクをする習慣が身につき、それが癒しの時間に変わったのです。masumi先生から教わった方法でスキンケアをすると、自然と涙があふれてきました。それからその朝の時間が大好きなジブン時間になったのです。

さらに、仕事への姿勢にも変化がありました。以前は自信が持てず、職場でお局さんに意見を言うのも躊躇していましたが、今では冷静に自分の意見を伝えられるようになり、周囲からの評価も変わりました。メイクを通じて得た自信が、内面にも影響を与えていると実感しています。

masumi先生の好きなところは？

masumi先生の魅力は、受講生を心から救おうとする姿勢です。講座を通じて、受講生が無意識に抱えていた重荷を下ろせるように導いてくださいます。

「このままでいいんだ」「もっと好きなことをやってもいいんだ」と気づかせてくれるmasumi先生に、何度も会いたくなります。

もちろん、プロフェッショナルなメイク技術も魅力ですが、何よりも生きる力を与えてくれる存在です。

画面越しでは伝わらないパワーがあるので、直接お会いすることでその魅力をさらに感じます。

masumi先生の尊敬するところは？

心の広さと圧倒的なスタミナを尊敬しています。

日間の講座中、終電近くまで受講生さんと向き合う姿には驚かされました。

どんな話でも否定せずに受け止めてくださる懐の深さがあり、受講生さんたちは心を開いて悩みを共有できます。

また、知識の幅広さや新しい技術への探究心も素晴らしいです。その学び続ける姿勢に触れるたび、「こんなに深い世界があるのか」と感動します。

masumi先生は、知識やスキルだけでなく、人としての在り方まで示してくださる先生です。

masumi先生に一言ください

本を出版してくださってありがとうございます！　先生の考えがもっと多くの人に広まり、たくさんの人の人生を変えるきっかけになることを願っています。masumi先生の活動を見ていると、私も元気とパワーをもらいます。これからも応援していますので、どうか行けるところまで突き進んでください！　大好きです。

この本を読んでいる方へ一言ください

masumi先生の講座は「メイクのプロ向け」と思われがちですが、全くそんなことはありません。スキルの高さは確かですが、イメージコンサルタントでなくても、「メイクをもっと上手になりたい」「垢抜けたい」と考えている一般の方にもぴったりの内容です。

この講座を受けることで、単にメイクが上手くなるだけでなく、人生そのものが前向きに変わります。一生使える知識を得られるだけでなく、masumi先生という素晴らしい師匠とのつながりを持てることも大きな魅力です。

それは私にとって大きな支えであり、「いつでも先生に会いに行ける」という選択肢が心の拠り所になっています。

個人コンサルもとてもおすすめですが、まずはこの本を手に取ってmasumi先生を知っていただけたら嬉しいです。敷居が高いと思わず、ぜひ気軽に講座に飛び込んでみてください。

マスミストインタビュー③
ともきさん

※サロンでともきさん（右）と

masumi先生をどこで知りましたか？

2023年6月、ハッピースパイラルアカデミーのメイク基礎授業で講師をされていたのがきっかけです。その授業で、僕は初めてメイクに挑戦しました。もともとファッションが好きで、パーソナルカラーや顔タイプ診断　に興味があった僕は、「メイク基礎」という授業に惹かれて受講を決意。授業を受けてみると、「どうやらこれはおもしろそうだぞ」とワクワクしたのを今でも覚えています。

生で見たときの第一印象は？

正直に言っていいんですかね？（笑）。最初の印象は、「厳しそう！」でした（笑）。他の先生方は「わ〜、可愛いね！」と盛り上げてくれる雰囲気の方が多い中、masumi先生は冷静な目線でじっくりと見てくれるんです。それが「見透かされている」ようで、正直ちょっと怖かったですね。

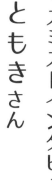

「お客さまへの美肌づくり講座」には再受講を含めて何回参加していますか？

4日間の美肌づくり講座を1回受講。その後2回アシスタントとして参加しました。また、大学生の頃からイメコンスクールのメイク基礎講座に毎月通い、合計で20回以上は受講していると思います

　今ではファッション以上にメイクが楽しくなり、ｍａｓｕｍｉ先生の講座が自分にとって大切な存在です。

受講前と受講後でどんな変化がありましたか？

ｍａｓｕｍｉ先生の講座で教えてもらう内容は、一貫して「自分を大切にする」ということ。

高校時代からメイクに興味はあったけど、心のどこかで「女子はメイクで可愛くなれていいな〜。でも僕男子だしな〜」と思うだけでした。

でも、先生の講座でメイクをしたり、されたり、する中で、「男子がメイクしても全然大丈夫じゃん！」「自分の好きなことをやっていいんだ」という自信が生まれました。

　壁を越えた瞬間、人生が楽しくなり、フットワークが軽くなったんです。

　今では、会いたい人にどんどん会いに行き、メイクやファッション業界で活躍している方々にもアプローチしています。現在の仕事を通し、人に何かを紹介したり説明するのが好きなんだと気づきました。これもまた、先生の講座を通して自分の好きなことに素直になれたからこその発見です。

　いつか人にメイクをしたり、おすすめのコスメを紹介したり、自分の好きなことを通じて人の役に立つ仕事をしたいと思っています。

　先生のおかげで「やりたい！」という気持ちを解放でき、それを自信に変えることができたからこそ、今の僕があります。

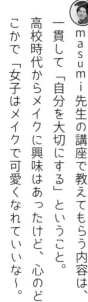

masumi先生の好きなところは？

「深く生きる」姿勢です。

masumi先生の言葉には悩みを乗り越えた経験が詰まっています。深い愛を感じ、「自分も愛のある大人になりたい」と思うようになりました。

僕は自己肯定感が低く、「普通じゃない」自分に苦しんだことも。先生の言葉で、「僕の特徴は唯一無二」と気づき、ちょっと変わったメイク男子として世の中の役立ちたいと思えるようになりました。

先生は「教祖」的な存在ではなく、周囲には自ら幸せをつかもうとする人ばかり。先生がいるから幸せなのではなく、背中を押してくれるからこそ、自分で幸せをつかむ力が身につく。そんな先生に出会えたことを心から感謝しています。

masumi先生の尊敬するところは？

masumi先生は、まるでアスリートのようなストイックさを持ちながらも、純粋に美容やメイクが好きという気持ちで突き進んでいます。その姿勢が本当に尊敬できます。

特に素晴らしいのは「素直さ」。自分にできないことを認めて周りに頼り、得意分野では全力を尽くす。そのバランス感覚がとても魅力的です。先生に触れることで、「苦手なことは苦手と言っていい」と思えるようになりました。

masumi先生に一言ください

出版おめでとうございます！

masumi先生との出会いで、僕の人生が変わりました。

美容業界にとどまらず、多くの分野に影響を与える先生を心から尊敬しています。いつかmasumi先生と同じフィールドに立つこと。それが僕の明確な目標です。

待っていてくださいね。これからも仲良くしてください。

この本を読んでいる方へ一言ください

masumi先生と出会う方は、がんばり屋さんが多いですが、どこか苦しい思いを抱えている方も少なくありません。この本を読むときは心の荷物を置いて、リラックスして読んでみてください。素直になって肩の力を抜くだけで、きっと人生が良い方向に進みだします。

僕もそうでしたが、今では人生が本当に楽しいです。この本が、あなたにとって新しい一歩を踏みだすきっかけになることを願っています。

あとは、騙されたと思ってmasumi先生に会いにいってみてください。

行くたびに、新しいことを学べますよ！

先生が話してくれることは、深くて一度聞いただけでは理解しきれないことも多いんです。でも、何度も聞くうちに、きっと気づきや発見があるので、何回も再受講して落とし込むのがおすすめです。

受講生は女性が多いのですが、今は男性も雰囲気を出すためにメイクをする時代。

男性だからに囚われて挑戦しないのってもったいないです。人生楽しくなるのは保証します！

CHAPTER

7

これからのこと

女性のセルフイメージを引き上げる存在に

私は、最初から自分に自信があったわけではありません。むしろ自分に自信が持てず、「私には特別な魅力なんてない」と思い込んでいたタイプでした。

自分自身がそうだったからこそ、コンプレックスを抱えている女性の気持ちにはすごく共感することができます。私が生まれつき目鼻立ちの造形が完璧な顔だったら、こんなに共感することはできなかったと思います。この顔じゃなかったらこの仕事はできていない。そう思うと、自分のコンプレックスすらも愛おしく思えませんか？

日々の小さな積み重ねと、自分に向けられる言葉を受け取ることで、少しずつ変わっていくことができたのです。

たとえば、「雰囲気があるね」「オーラがある」「目を引くね」「かわいいね」といった言葉。

最初はお世辞かなと思うこともありましたが、それでも「私の中にはそういった魅力の〝かけら〟があるのかも」と考えて、その言葉を自分のイメージに取り入れるようにしました。

「メイクで騙されてるだけ、本当は別に可愛くもなんともないのに」と思うのではなく、

「メイクがうまくいっている！雰囲気美人が作れてる！あれ？私本当に綺麗なのかも？」とポジティブに勘違いしていく感じです。

そうすると、あら不思議、どんどん顔が可愛く、キレイになっていくような気がします。

周囲からの言葉を素直に受け取ることが、セルフイメージを少しずつ書き換えて、自分を好きになる大きな一歩です。だまされたと思って一度実践してみてくださいね。

外見づくりやメイクの力は、単なる美容を超えて、自分の内面を整え、セル

フイメージを引き上げるための大切なツールです。私自身の経験や、美容・メイクの技術を伝授することで、多くの女性に「自分の魅力に気づくこと」の重要性を伝えたいんです。本書もその大きな一歩だと感じています。

講座を通し、女性たちのセルフイメージを引き上げることで、彼女たちの可能性を広げ、未来が楽しみになるお手伝いをしていくことが私の生きがいです。

手放すことの大切さを伝えていく

「手放すこと」。

それは私がこれまでの人生で学び、実践してきた中で、最も大切だと思える考え方です。

以前の私は、「母親だから」「妻だから」「家庭を持っているから」といった役割に縛られていました。家事も子育ても完璧にこなさなくてはいけないと思い込んでいたんです。でも、あるときふと気づいたんです。「苦手なら手放していいよね。だって、私には他に得意なことがあるんだから!」と。

料理が苦手なら、得意な人にお願いすればいい。家事が苦手なら、「助けて」と声を上げればいい。すべてを自分で抱え込むのではなく、苦手なことを手放したことで、自分が本当に得意なことや大切にしたいことに集中できるようになりました。

手放すことは、家事や役割だけではありません。「こうあるべき」という思い込みや、人からの評価に縛られていた自分自身をも手放しました。完璧じゃなくてもいい、苦手なことがあってもいい、と自分に許可を出したとき、不思議なくらい心が軽くなり、生きることが楽になりました。

こだわりを手放すことで、進むべき道が一本に定まり、自分らしく前に進めるようになったんです。

子育てにおいても「手放す」ことの大切さを実感しています。

小さなお子さんを持つお母さんたちが、つい「待たせちゃってごめんね」「仕事で土日いなくてごめんね」と謝ってしまう場面をよく見かけます。でも、「ごめんね」ではなく「ありがとう」に変えてみてください。「待ってくれてありがとう」「助けてくれてありがとう」と伝えるだけで、お母さんの仕事や生き方を子どもがポジティブに受け止められるようになります。

家事でイライラしていた時間を、ジブン時間に変えてきたことで、家族には本当にたくさん迷惑をかけてきたと思います。たくさん自己中を貫かせてもらってますが、なんとかなるものです。

今ではお母さんが、嫌なことを手放して、大好きな美容の仕事に打ち込んで「人生心から楽しい！」という姿を見せることで、子どもにも「嫌なことは手放していいんだ」を伝えているように思います。

自分が自由にさせてもらっているので、子ども達にも将来の進路について、親の意見を押し付けたりは決してしません。娘は毒舌に育ちましたが（笑）、一緒に買い物に行ったりと、良い関係性を築けていると思っています。

手放すことは、諦めることではありません。それは、自分の得意なことや本当に大切にしたいことに集中するための選択です。

苦手を手放し、助けを求め、自分のやりたいことに力を注いでいくことで、私の願いは一つずつ叶っていきました。この経験から、「手放すこと」が人生にどれほどの可能性をもたらすかを、これからも多くの人に伝えていきたいと思っています。

あなたもぜひ、「手放す」という選択肢を試してみてくださいね。

メイク瞑想はイマココに戻る手段

「イマココ」、それは私がとても大切にしている心のあり方なんです。現代の私たちは、気づかないうちに「今」という瞬間から離れてしまうことが多いと感じます。過去の出来事に引きずられたり、まだ来ていない未来への不安に押しつぶされそうになったり。でも、本当に私たちがエネルギーを発揮できるのは、この瞬間、「イマココ」にいるときだけなんですよね。

私にとって、「イマココ」に戻る手段は、メイクです。毎朝鏡の前に立つ時間は、私にとって瞑想のようなものなんです。アイシャドウを目元にのせる感触や、リップを引く瞬間に集中することで、自然と「今」に引き戻される感覚がありま す。この習慣を、私は「メイク瞑想」と呼んでいます。

毎朝のメイクの時間は、ジブン史上最高のイイ女を作り上げるための時間です。それは他人に見せるためではなく、**私自身のご機嫌をとる**ためなんですよね。鏡の中の自分を見て、「今日の私は最高！」と思える瞬間を毎日積み重ねていく。

それが自己肯定感を育てていくんです。誰かに何かをしてもらうのではなく、今持っている最高のスキルやアイデアを自分自身に施してあげる。その繰り返しが、心からの満足感を生み出してくれるんです。

「どうしてそんなにエネルギーに満ち溢れているんですか？」と聞かれることがありますが、答えはとてもシンプルです。それは、毎朝、自分をしっかり満たしているからなんです。誰かから何かをもらうのを待つのではなく、自分で自分を輝かせる。この習慣が、私を「イマココ」に引き戻してくれるんですよね。

「イマココちゃん」になると、面白いことに、自分だけでなく周りの人も今に引き込む力が生まれると感じます。まるでタイムマシンみたいに、その場にいる全員を「今」に連れていけるんです。過去や未来に心を取られるのではなく、今の自分を楽しみ、今の自分を最大限に輝かせる。これが「イマココちゃん」の生き方なんです。

メイクに限った話ではありません。自分が集中できるものがあれば、それで十分。「イマココ」に戻れる時間は、人それぞれ違うもの。

たとえば、料理をしているとき、インコを愛でているとき、推し活をしているとき、野菜のみじん切りに没頭しているときなど。そんなふとした日常の中で感じる集中の瞬間こそが、それぞれの「イマココ」なのだと思います。

大切なのは、自分が得意としていること、心から楽しめることを見つけること。

それに没頭している時間が、あなた自身を「今」に引き戻し、心を整えてくれます。自分にとっての「イマココ」になる時間はどんな時間ですか？

会いにいくことは「かけら集め」

「会いたい人に会いに行く」

この考え方は、私がとても大切にしているものなんです。推しのアイドルや憧れの人に会いに行くのももちろん素敵ですが、それは芸能人だけに限らないんですよね。

意識を高めてくれる人やＳＮＳのインフルエンサーなど「この人に会いた

い！」と、気になる相手に会いにいくこと。

私は定期的に素敵な人に会いに行っています。それはまるで、その人が放つ「かけら」を拾い集めに行く感覚なんです。目には見えないけれど、その人自身が持っている何かが放たれていて、それを無意識のうちに受け取っているような気がします。

自分では自覚していなくても、そうして集めた「かけら」が、少しずつ自分の中に積み重なり、気づかないうちに自分に影響を与えてくれているんですよね。新しい視点や刺激をもらうことで、自分の考えや行動に変化が生まれることもあります。

人と会うことで得られる「かけら」たち。それは自分を成長させたり、新しい可能性を広げてくれる大切なものだと思っています。

私も受講生さんやお客さまに、「憧れている人にぜひ会いに行ってくださいね」とお伝えしています。なぜなら、誰に会うかは、その人のエネルギーや考え方が自分に大きな影響を与えるからなんです。

実際に、「会いたい人に会いに行ったらこんな変化があったんです！」と嬉しそうに報告してくださる方も多いんですよ。

そして同時に、自分が「また会いたくなる人」になることも、人生を豊かにする秘訣です。「理由はわからないけど、また会いたい」「定期的に会いたくなる」と言われる存在。それは、特別なスキルや能力ではなく、その人が自然に放つ魅力やエネルギーによるものなんです。私自身も、「また、ｍａｓｕｍｉに会いたい」と言われることが自分にとって大きな喜びやエネルギーになっていて、心からこの仕事をしていて良かったと感じます。

私が対面で人と会うことにこだわってきた理由もそこにあります。去年参加したオンライン会では、オンラインレッスンの申し込みが3名だったのに対し、対面でお会いした後に、さらに4名の方が追加で申し込んでくださいました。

その際、「やっぱりリアルで会うと全然違いますね」と言われたんです。直接会うことでしか伝わらない空気感やエネルギーがあるんだなと、改めて実感しました。

「ｍａｓｕｍｉさんはリアルが強いですね」とよく言われます。それはきっと、私が「雰囲気美人」を作ることにこだわり、そのエネルギーを自然と纏っているからなのかもしれません。誰もが自分だけの「かけら」を持っています。それは星屑のようにキラキラしていて、誰かの心に残るもの。人に会いにいくことは、その人が持つかけらを拾いに行く感覚なんです。

相手からの「かけら」を受け取るためにも、また自分のかけらを届けるためにも、対面で会う時間はとても大切だと思うんです。

時間やお金、距離を理由に「会うこと」を諦めてしまうのは簡単です。でも、「また会いたい人」になるためには、自分自身がエネルギーを放ち続けることが必要。

それは特別なことではなく、自分を整えて自然体でいること。自分にとって嫌なことは手放し、最高にワクワクすることだけをしていくこと。それだけで十分なんです。そんな小さな積み重ねが、「また会いたい」と思われる理由になっていくのだと思います。

「会いたい人に会いに行く」。そして「また会いたい人になる」。この二つのシンプルな行動が、人生をもっと豊かで楽しいものにしてくれる——私はそう信じています。あなたも、ぜひ「会いたい人に会いに行く」という一歩を踏みだしてみてくださいね。

雰囲気美人増産計画

今回本書を出すにあたり、取材で「ルッキズムについてｍａｓｕｍｉ先生はどう思いますか?」という質問をされました。メイクやイメコンの業界ではあまり聞かない言葉、ルッキズム。

ルッキズムとは、ＳＮＳから生まれた言葉で、外見や容姿を重視して人を判断したり、差別的な扱いをしたりする思想や社会現象のことを表すそうです。

思うんです。他人が決めた美の価値観に振り回されて生きていたら、いつまでたっても満たされないと。自分だけが持つ魅力に気づけたなら、そんなことは気にならなくなるのにな、と。

ルッキズムが強調する「目鼻立ちの造形美」に対して、私は「雰囲気美人は作れる」という考えを主張したいと思います！

私が思う雰囲気美人とは、顔やスタイルの造形美ではなく、その人なりの美しさや魅力のことを指しています。自分だけの魅力に気づいている人、自分を大事にしている人も雰囲気美人だな、と思います。

具体的にいうと、肌ツヤがあって、自分の魅力を活かすヘアメイク・ファッションをしている人ですね。所作が美しく、話し方が丁寧。その方から溢れ出る自信、それもあると思います。

私だけが感じるその人の「深さ」も雰囲気美人さんは持っていますね。しゃべっていて、その人自身を掘り下げたい！とおもわず思ってしまう方です。

ありがたいことに、外見を褒めていただく機会も増えました。しかし、無加工で撮られた写真をみると、「造形」が協調されてしまうので、「バレた（笑）」って感じになります。私は、メイクを取ると本当に年相応な普通の人です。特別な「オーラ」なんてありません。

でも、メイクを通じて自分の雰囲気を作り上げることで、「リアルで会うと素敵ですね」と言っていただけるようになりました。その際は、「何時間もかけて作り込んでますから！」と自信満々にいいます。自分が纏っているものは目鼻立ちの造形美ではなく、雰囲気美人なんだと実感しています。

人を引きつける魅力というのは、顔の造りそのものではなく、積み重ねて作り上げられた雰囲気に宿るもの。それは一朝一夕で手に入るものではありません。日々の小さな意識や行動を積み重ねた人だけが持てる独特の空気感に、人は惹かれるのだと思います。

オンラインや写真より「リアルに勝るものはない」というのも、こうした積み重ねがあるからこそです。画面越しでは伝わりにくい微細な雰囲気やエネルギーが、直接会うことでダイレクトに伝わる。だからこそ、私はリアルでの出会いを大切にしてきました。

加工された写真を見て期待を膨らませた後、対面で「あれ？ 全然顔違う」ってなるのと、写真はあまりだけど、「実物を見たら何倍もステキ！」だったらどちらが良いですか？

「雰囲気美人は作れる」。私が得たこの実感を、一人でも多くの方と共有し、一緒に自分らしい美しさを育てていきたいと思っています。

あなたが自分自身をもっと愛せるようになれば、ルッキズムなんてどうでもよくなります。メイクやスキンケアによって、ジブン史上最高のイイ女であることを実感し、自分を好きになる女性が日本に増えたら、ルッキズムという言葉自体が古臭い言葉になっていくんだと思います。

若い人には声を大にしていいたいです。他人が勝手に作った美の価値観に惑わされないで、と。

これからの10年で学びたいこと

こうしてみると、学びたいことが多すぎて、身体がいくつあっても足りませんね（笑）。学びのいいところは、大切な人におすそ分けできることだと思っています。私が学んで何かを習得することで、私に関わる受講生さんやお客さまがもっともっと幸せになっていく。それが私の願いです。

美容やメイクを通じて多くの人と関わる中で、その人が持っている内面的な課題やブロックをより深く理解できるようになりたいです。今まで無意識にやっていたことも、脳科学や心理学に触れた時、「あの時のあれがこういうことだったのね！」と答え合わせできる感じがとても面白いんです。

私が主催する、美容マインド面も教える唯一無二の講座が、「教わっている内容は同じなのに、何度受けても新しい気づきがあります」と言っていただけるように、常に心に関する勉強は情報をアップデートしていきたいと思っています。

自分自身の美意識をさらに高め、エイジングしていく中でも、ジブン史上最高のいい女を自分に見せ、いかに毎日更新し続けるかを探求していきたいです。

誰から頼まれるわけでもなく、やりたくてやっていくことなので、今後も自分を最高に見せるための情報集め&実践は欠かすことなくやっていくでしょうね。

現在学んでいることも、女性の開放や成長に関わる内容です。実際に結果を出している女性から学ぶことは本当に大事だと思っています。学んだことは、全て受講生さんやお客さまにギブしていきたいです。

これからの私

これまで私は、美容を通じて女性たちの外見だけでなく、内面にも働きかけてきました。美容の目的は「メイク」や「スキンケア」を上手にすることではありません。それらはあくまでツールの一つ。私が本当に目指しているのは、女性たちが自分の可能性に気づいて、心から輝ける未来を創ることです。

たまたま私にはメイクや美容の知識があり、美容を教えることを仕事にしていますが、お伝えしたいのは「顔をキレイにする技法」だけではなく、「自分を認めて好きになる方法」です。なので、メイクや美容だけじゃなく、どんな方法でも伝わればいいと思っています。なので、講座が終わった後に受講生さんたちのお悩み相談に乗る「スナックｍａｓｕｍｉ」もとても有意義な時間だと思っていますね（笑）。

大切なのは、女性たちに「自分の可能性を広げる方法」をお届けすることだと思っています。私自身、最初から美容の知識があったわけでも、女性の可能性を広げることの大切さに気付いていたわけでもありません。

さまざまな経験を通じて、自分が微力ながら女性たちに影響のある存在になれたと気づいたからこそ、その力を最大限に活かしていきたいと思うようになりました。それは「教えること」ではなく、「気づきをもたらすこと」。

女性たちがジブンを再発見し、可能性を広げられるような存在であり続けたいと思っています。

人間の欲求は、マズローの欲求階層説にあるように、段階的に進化します。生理的欲求や安全の欲求が満たされた後は、承認欲求、自己実現欲求、そして最上位に位置する「自己超越欲求」へと向かいます。この「自己超越欲求」とは、自分を超えて他者のために生きることを意味します。たとえば、オードリー・ヘップバーンがボランティア活動に人生を捧げたように。

私が女性たちの可能性を広げる活動を続ける理由は、まさにこの「自己超越」に通じる部分があります。自分の美容や知識を活かして、誰かの人生を変えるきっかけをつくりたい。そして、それが女性たちが自分の未来を切り開き、人生に自信を持つ手助けになればと願っています。

もちろん、私もまだまだ自己超越の段階にいるわけではありません。新しいことに挑戦したり、自分の夢を叶えたりする喜びも持っています。今はまだまだ小さな範囲ですが、私が与えられる影響力を最大限に活かし、自分以外の誰かのためになる行動を取ることが、私の使命だと信じています。

これまでの試行錯誤や失敗を通じて得た学びやスキルは、私だけのものではないと思っています。それらは今後、関わってくれる女性たちに活かしていくことが、私の役割だと思っています。

そのために、自分の生きた智慧は惜しみなくシェアし、新しい方法やツールを取り入れながら進化し続けたいと思っています。

私が目指すのは、人々の可能性を広げるだけではなく、家庭や仕事で、ついちゃんとがんばりすぎてしまう女性たちが、自分を今よりも好きになって、楽に生きられるように導くこと。

自分史上最高のイイ女を自分に見せる方法を講座やメイクレッスンを通して、これからも伝え続けたいと思います。

あとがき

本書を手に取ってくださり、最後までお読みいただきありがとうございます。

さて、「ジブン史上最高のイイ女」に出会う覚悟はできましたか？ もちろんそれは、あなたのことですよ。

この本が、自分の未来の可能性を感じるきっかけになれば、これ以上の喜びはありません。


私は美容とメイクを通して、女性が自分の魅力に気づき、自信を持って輝いていく姿を何度も目にしてきました。

サロンにきた時には曇っていたお客さまのお顔が、帰る頃にはパァッと晴れやかになっていく姿をみると、自分のことのように嬉しくなるんです。


自分の魅力に気づいている女性は美しい。心からそう思います。

雰囲気美人は、作れます。美肌づくりやメイクは、ただ外見を整えるだけでなく、人生そのものを変える力を秘めているんです。

本書を創るにあたり、今まで感覚として散りばめられていたものや、講座でマスミストたちから「ｍａｓｕｍｉ語録」と呼ばれるような名言（？）などが、人生における「生きた証し」として残る形になったことがとても嬉しいです。

また、今回の企画によって、私の人生に影響を与えてくれた方々や、マスミストのお声を聞くことができたのも、なによりの宝だなぁと思います。本当に私にとっての冥土の土産になりました。

これからも、関わってくださった方が、一歩踏みだし、肩の力をゆるめて、自分らしく輝くのを応援することが私のなによりの生きがいです。

最後に。

「本を出しませんか？」と声をかけてくださり、完成まで二人三脚で導いてくださった雨音なりさんをはじめ、この本の出版にあたり支えてくださった全ての方々、そして日々インスピレーションを与えてくださる大切な皆さま、大好きな家族、全国のマスミストに、深く感謝申し上げます。

２０２５年３月　ｍａｓｕｍｉ

本書購入者限定プレゼント

最後まで本書をお読みいただき
誠にありがとうございます。

本書を手に取っていただき、
読んでいただけた奇跡に心から感謝
申し上げます。

ご縁の感謝として、読者の皆様に
プレゼントをご用意させて
いただきました。

「美肌づくり講座」プレゼント

通常5000円で提供している
オンライン講座を
今回特別に無料で
お届けします。

プレゼントの
ダウンロードは
こちらの二次元コード
より可能です。

著者プロフィール

美容コーチ
メイク講師

masumi ますみ

@masumi_meem

　専業主婦10年を経て、子育てが落ち着いた事を機に、元々好きだった美容やメイクを仕事にするべく、エステティシャンの道へ。

　エステ後に、サービスでお客さまへメイクを施していたことをきっかけに、美肌づくりやメイク技術によって女性が幸せになれる事を改めて実感する。

　都内で人気のイメージコンサルタント養成スクールで、プロのメイクを学び、各種メイク資格を取得。

　スクール内でも卒業したてで、急遽テレビ出演が決まったり、サロンオーナーに声をかけられたりして3種類の美容に関する仕事を掛け持ちした時期も。

現在も人気のイメージコンサルタント養成スクールのメイク講師を担当する傍ら、
自身で手がける「お客さまへの美肌づくり講座」は、受講生のほとんどが感動の涙を流してしまう講座として、鹿児島、福岡、神戸、大阪、名古屋、横浜、新潟、札幌の8拠点で50回以上開催継続中。

masumi流・美容マインド

2025年3月19日　初版第1刷発行

著　　者　masumi
発 行 所　ニュートン出版（株式会社おやゆび革命）
所在地：〒530-0001
大阪府大阪市北区梅田1-1-3大阪駅前第3ビル 29階
1-1-1号室
TEL：050-3174-8092

出版プロデュース　ニュートン出版
編集担当　雨音 なり
印刷・製本　AR企画株式会社
販売協力　リーブル出版
表紙デザイン　雨音 なり
表紙編集協力　かりぃーぷぁくぷぁく

ISBN978-4-86338-441-5